小学校必修600英単語

だけで

大人も使える英会話

構 俊一
kamae shunichi

Fine, thank you.

How are you?

How's it going? Fine, thank you. And you?
Same as usual. Thank you for coming.
By the way... Sorry about that. It's all
right. I'm so sorry. I'm OK, really. I didn't
mean it. I look up to you. Many thanks.
What should I say? It's all thanks to you.

GENTOSHA
幻冬舎

「小学校で習う600英単語」で、生きた英語を話そう！

　2020年4月、小学校の英語が「教科」に昇格しました。過去2年間の移行措置で、英語の授業はすでに始まっていたのですが、小学校5・6年生の英語が、これまでの「外国語活動」という扱いから、「教科」になったのです。

　その小学校の英語教育に関して、文部科学省は学習指導要領で、卒業までに600〜700語程度を授業で取り扱うとしています。従来、中学校3年間で習う英単語は約1200語でしたから、今後、小学校では、その約半分の英単語を習うわけです。

　ただし、文科省は、どの単語を教えるかまでは、指定していません。そのため、各教科書会社は、それぞれの判断で英単語を選んでいるのですが、結果的に各教科書が扱っている単語は、ほぼ共通しています。

　この本に登場する単語は、おおむねその範囲内です。お読みいただければわかるように、600語もあれば、たいていのことは話せます。実際、この本では、1000以上のフレーズを紹介していますが、それらは、小学校で習う600語よりも、はるかに少ない単語で構成されています。それでも、ネイティブが日常会話でよく使うフレーズは、ほぼカバーできるのです。

　もうひとつ、この本の特徴を申し上げますと、なるべく短いフレーズを紹介したことです。同じ内容なら、より少ない単語

数で話せ、なおかつ、失礼や下品にはならないような、今、本当にネイティブが話しているフレーズを集めました。

　実際、この本におさめたフレーズの多くは、5つ以下の単語で構成されています。むろん、短いフレーズであればあるほど、覚えやすく、使い勝手もいいはずです。

　現在、世界のネイティブは、そうした英語を話しています。今、英語は世界的に「プレイン・イングリッシュ（平易な英語）」の方向に変化しています。同じ意味のことは、なるべく簡単な単語、簡単な言い回しで伝える傾向です。たいていのことは、5単語以下の短文で伝えることは、世界的な潮流でもあるのです。

　というわけで、この本には、日々の暮らしで使うフレーズから、ショッピングやホテルで使うフレーズ、ビジネスで使う簡単なフレーズまで、リアルな会話で役立つ英語フレーズを満載しました。

「小学校で習う英単語で話せる短く的確なフレーズ」を集めたこの本で、今日から使える生きた英語を身につけていただければ幸いに思います。

　　2020年8月　　　　　　　　　　　　構　俊一

1章　小学英語で、
自由自在に「挨拶」する！
出会い・別れの挨拶、社交辞令
人づきあいの基本となるフレーズ

2章 小学英語で、
はっきり「伝える」！
同意、否定、要望
気持ちと意思をしっかり伝えるフレーズ

3章 小学英語で、もっと「親しくなる」！

ほめる、気づかう、はげます
気持ちを通い合わせるフレーズ

4章 小学英語で、いろいろな「感情」を伝える!

喜ぶ、怒る、納得する
気持ちを表現するフレーズ

5章 小学英語で、楽しく「つきあう」!

誘う、約束する、待ち合わせる
「人づきあい」をめぐるフレーズ

6章 小学英語で、「質問」する！
仕事、プライバシー、近況
失礼のないように尋ねるフレーズ

7章 小学英語で、思う存分「観光する」！

買い物、レストラン、乗り物
街歩きや遊びで役立つフレーズ

8章 小学英語で、明るく「暮らす」！
起きる、食べる、寝る
家庭生活を明るくするフレーズ

9章 小学英語で、てきぱき「仕事」をする！

訪問、来客応対、電話

ビジネスをスムーズに進めるフレーズ

装幀　石川直美 (カメガイ デザイン オフィス)
DTP　美創

1章 小学英語で、自由自在に「挨拶」する！

出会い・別れの挨拶、社交辞令

人づきあいの基本となるフレーズ

いろいろな「挨拶」です。
まずは「What」で始めてみましょう。

どうしてる?

What's up?

✤「最近どう?」というニュアンスのフレーズです。

最近、変わった
ことあった?

What's new?

今どうしてるの?

What are you up to?

✤ **up to** は、いろいろな意味のある言葉で、このフレーズでは「〜している」「〜に取りかかっている」という意味。

最近、いかが
お過ごしですか?

**What are you up to
these days?**

✤丁寧ですが、やや固い言い方です。

どうかした?

What's your problem?

次は、「How」で始める
いろいろな挨拶です。

お元気ですか？

How are you doing?

✤ 「調子はどうですか？」というニュアンス
のフレーズ、**How's it going?** でも OK
です。

元気？

How are you?

✤ 最もオーソドックスな「ごきげんよう」で
す。

仕事の調子は
いかがですか？

How's your work going?

✤ **How's ～** は、相手の「様子」を聞く社
交辞令で、よく使われる形。たとえば、
How's your summer? といえば、「こ
の夏、どうでしたか？」。

奥さんはお元気？

How is your wife?

✤ **How is everyone?** といえば、「皆さん、
お元気？」 **How is your family?** は「ご
家族は皆さんお元気？」。

英語には、いろいろな「お久しぶり」があります。

お久しぶりです。	**It's been a while.** ✣かなり長い期間、会っていなかった人に対して使うフレーズです。**It's been ages.** も同様に使います。
だいぶ 経ちますね。	**It's been so long.** ✣これも、しばらく会っていなかった人に対して使う「お久しぶり」です。
しばらくね。	**Nice to see you again.** ✣ニュアンスとしては、さほど長期間ではありませんが、しばらく会っていなかった人への「お久しぶり」です。
お元気でしたか?	**How have you been?**
しばらく、 会わなかったね。	**Long time no see.** ✣ **It's been a long time.** ともいいます。

「初対面の挨拶」を使い分けてみましょう。

はじめまして。 | **How do you do?**

はじめまして。 | **Nice to meet you.**

❖ **Nice to meet you, too.** と、**too** を加えると、「こちらこそ、よろしく」という意味になります。

こちらこそ。 | **Same here.**

お会いできて
うれしいです。 | **It's nice to see you.**

お会いできて
うれしく思います。 | **It's pleasure to meet you.**

素敵な
お名前ですね。 | **That's a nice name.**

お噂はかねがね
伺っています。

I've heard a lot about you.

✣ She talks a lot about you. というと、
「彼女から、お噂は伺っています」。

小学英語で、こんな「挨拶」も使い分けることができます。

変わりない?

Is everything OK?

✣ OK は okay とも綴ります。

みんな元気?

Hi, everyone.

✣ 相手が 3 人以上いるときには、こんな声
のかけ方もできます。

じゃあ、後でね。

Talk to you later.

✣ パーティーなどで、いったん別れる相手
にかける言葉。日本の立食パーティーで
もよくあるように、そのまま別れること
になっても OK です。Catch you later.
ともいいます。

お元気ですか？	**I hope you are well.** ❖手紙文で使うような、固い言い方です。 **I hope you are doing well.** ともいいます。
また会えて うれしいわ。	**Glad to see you again.**
ようこそ、 いらっしゃいました。	**You're very welcome here.**

相手からの挨拶に、親しみを込めて応じるフレーズです。

元気よ。 ありがとう。	**Fine, thank you.** ❖相手から、**What's up?** （どうしてる？） や **How's it going?**（調子はどうです か？）と聞かれたときに返すフレーズ。 この後には、**And you?**（あなたは？） と続けるのも、お約束です。
相変わらずよ。	**Same as usual.**

まあまあね。	**So so.**
まあまあだね。	**Not too bad.**
	✢直訳すると、「悪くはないよ」。「何とかやってるよ」というニュアンスの言葉です。
まあまあですね。	**I'm doing well.**
あまりいいとはいえないな。	**Not so good.**
	✢ **Not very well.** も同様の意味のフレーズです。
それはいけないわね。	**That's too bad.**

挨拶の次には、「お天気」の話をしましょう。

いいお天気
ですね。

It's fine.

✤日本語では、朝の挨拶の次に「いいお
天気ですね」と続けるものですが、そ
のあたりの呼吸は英語でも同じ。**Good
morning.** の次には、晴れた日には **It's
fine.** と続けるのが、お約束です。

素晴らしい
お天気ね。

It's a beautiful day.

✤ほかに、**It's lovely.**（すごくいいお天気
よ）や、**Nice day, isn't it?**（いい天気で
すね）なども、「お天気」をめぐる定番フ
レーズです。

一雨
来そうですね。

It looks like rain.

✤日本語では、雲行きが怪しいときに「一
雨来そうですね」といいますが、そこは
英語でも同じ。**It looks like rain again.**
というと、「また一雨来そうですね」とい
う意味になります。

雨が
降ってますよ。

It's raining.

雨、
やみましたよ。

It stopped raining.

雨、降ったら
どうしよう?

What if it rains?

✣ **What if 〜?** は、「(仮に) 〜したら、ど
うしよう」という意味です。

ぼくが出かける
たび、雨が降る
んですよ。

**Every time I go out,
it rains.**

また暑く
なりそうですね。

**It looks like another
hot day.**

「別れる」ときには、seeを使いましょう。

また会いましょう。 | # See you again.

❖人と別れるときの定型フレーズです。

また明日ね。 | # See you tomorrow.

❖職場などで、翌日また会う相手に使う言葉。直訳すると「明日また会いましょう」ですが、日本語の「お疲れさま」に近いフレーズです。単に **See you.** というと、「さようなら」くらいの意味。

近いうちにまた。 | # See you soon.

❖ **See you again soon.** というと、「また、そのうちに」。その日、再度会う相手に対して使うこともあり、その際の意味は「後ほどまた」。

じゃあ、
向こうでね。 | # See you there.

❖ **See you then.** というと、「じゃあ、そのときに」。

また、いつかね。 | # I'll be seeing you.

I'm glad〜を使いこなそう。

お会いできて
うれしいです。

I'm glad to meet you.

✦ I'm very glad to meet you. と very を加えると、日本の大人語でいう「お会いできて、光栄です」に近いニュアンスになります。また、旧知の人には see、初対面の人には meet を使います。

お久しぶりで
ございます。

I'm glad to see you again.

気に入ってもらえて
うれしいわ。

I'm glad you like it.

お役に立てて
うれしいです。

I'm glad to be of help.

小学英語でいえる
いろいろな「別れの挨拶」です。

元気でね。

Be good.

元気でね。

Good luck.

また今度ね。

Maybe next time.

✣日本の大人語でいう「いずれ、席を改めて」
に近いフレーズです。

それでは、また。

Talk to you soon.

お話しできて
楽しかったわ。

Nice talking with you.

とても
楽しかったです。

I had a great time.

お会いできて
よかったです。

It was nice
meeting you.

そろそろ、
行かなくては。

I have to go now.

✣ I need to go now. や、I'm taking off
now. も、同様の意味のフレーズです。
日本の大人語の「そろそろお暇します」
に相当します。

| そろそろ、お暇しなくては。 | **I think I should be going now.** |

| そろそろ失礼いたします。 | **I think I'm going to take off.** |

| ○○によろしく。 | **Say hello to ○○.** |

✣○○には、おおむね相手の家族の名前や **your wife**、**your family** などが入ります。

| いい1日をね。 | **Have a nice day.** |

✣**Have a 〜.** は、別れる際の社交辞令の基本パターン。**Have a nice time.** は「楽しんで来て」。**Have a nice trip.** は「よいご旅行をね」という具合です。

| 楽しい週末をね。 | **Have a nice weekend.** |

✣週末（金曜日）に別れる際の定番フレーズ。**Have a good weekend.** でもOKです。

| よいお年を。 | **I wish you a Happy New Year!** |

✣年末の決まり文句です。

別れ際に使う
「また会いたい」と思わせる「社交辞令」です。

気をつけて。

Take care.

✣ 「じゃあね」に近い、気軽な別れの挨拶です。

どうぞ、気をつけて
お帰りください。

Please take care of yourself.

✣ このように長めにいうと、日本の大人語でいう「ご自愛ください」に近いニュアンスになります。**Take care going home, please.** も、同様に使えます。

連絡しますよ。

I'll be in touch.

✣ **be in touch** は「連絡を取り合う」という意味で、別れの挨拶によく使います。**Keep in touch.** と短くいうと、「連絡を取り合おうね」。**Let's keep in touch.** は「連絡を取り合いましょう」。**I'll be in touch with you soon.** と長めにいうと、「近いうちに、ご連絡差し上げます」といった意味のフレーズになります。

また来て
くださいね。

Please come again.

いらしてくださって
ありがとう。

Thank you for coming.

たまには
電話くださいね。

Call me sometime.

❖単に、**Call me, please.** というと、「電話
ちょうだいね」というニュアンスになり
ます。

ではお元気で。

Best wishes.

❖おもに、手紙文で使います。

もっといてもらえ
たらいいのに。

**I wish you could stay
longer.**

時間が経つのは
早いものですね。

Time goes so fast.

3語以下で話せる
いろいろな「社交辞令」です。

大歓迎よ。

Welcome!

✣ **You're welcome.** というと、「どういたしまして」という意味にも使えます。

いいですよ。

No problem.

✣「問題ありません」→「お安い御用です」という意味。相手の謝罪を受け入れるときに使うと、「問題ないよ」という意味になります。

どういたしまして。

My pleasure.

✣ **It's my pleasure.**（こちらこそ、うれしいです）や、**The pleasure is mine.** も同様に使えるフレーズです。

いいですよ。

That's all right.

お先にどうぞ。

After you.

どうぞ。

Go ahead.

ご自由にどうぞ。

As you like.

✧ **As you wish.** でもOK。日本の大人語でいえば、「ご随意に」。

そちらが
よろしければ。

If you like.

いつでもどうぞ。

Any time.

✧ **Any day is OK.** というと、「いつでもいいですよ」くらいのニュアンス。

何でも
いってください。

You name it.

遠慮なくどうぞ。

Be my guest.

（どうぞ）遠慮
しないでください。

Don't wait.

何でも
ありません。

It's nothing.

（どうか）お気づかいなく。	**You're too kind.**

✤日本の大人語でいう「どうか、おかまいなく」というニュアンスのフレーズです。

わかってますよ。	**I know.**

いう通りにしますよ。	**OK, you win.**

いろいろな場面で使える「社交辞令」です。

お招きいただきありがとうございます。	**Thank you for having us.**

さぞやお疲れでしょう。	**You must be tired.**

ご親切に、どうも。	**You're so kind.**

よかったですね。	**I'm happy for ○○.**

✤ **happy for** ○○ は「○○のために喜ぶ」という意味。

お手伝いしますよ。	**Let me give you a hand.**
喜んで。	**I'd be happy to.**
まかせてください！	**Leave it to me!** ✢ **I'll take care of it.**（私が引き受けます） も、同様の意味。
私どもにお知らせ ください。	**Please let us know.**
気に入ると いいんだけど。	**I hope you like it.**

「自己紹介」も、小学英語で十分です！

○○と呼んで くださいね。	**Please call me ○○.**
みんなは、 ぼくのことを ○○と呼びます。	**Everyone calls me ○○.**

こういう者です。

This is my business card.

❖直訳すると「これが私の名刺です」。日本のビジネスシーンで使う「こういう者です」に近い言葉です。**This is me.** も、名刺を出しながら使うと、同様の意味になります。

私は
東京出身です。

I'm from Tokyo.

❖ツーリストの場合は、「私は東京から来ました」という意味になります。

東京で生まれ
育ちました。

I was born and raised in Tokyo.

20歳です。

I'm twenty years old.

自営業です。

I have my own business.

営業を
しています。

I'm in sales.

でも、名ばかりの
課長です。

But I'm a manager in
name only.

最近、
復帰しました。

Now I'm back in
business.

（家族は）母と
私の2人です。

It's just my mom
and me.

子供が
1人います。

I have one child.

一人っ子です。

I'm an only child.

2章 小学英語で、はっきり「伝える」!

同意、否定、要望
気持ちと意思をしっかり伝えるフレーズ

2語以下でいえる「賛成する」フレーズです。

いいね。

Sounds good.

✢日常会話では「いいね」「いいわね」、ビジネスでは「それはいいですね！」という意味に聞こえる便利な言い回しです。

いいよ。

Why not?

✢直訳すると「なぜ悪いの？」。そこから、「悪くないでしょ」→「いいよ」という意味になったフレーズ。

いいよ。

Sure.

✢「もちろん」というニュアンスを伴います。

同感です。

Same here.

わかってるよ。

All right.

わかりますよ。

I understand.

賛成です。

I agree.

「3語」なら、こんな賛成もできます。

その通りです。

That's right.

✤ **You're right.** も同様に使えるフレーズ
です。また、**Right you are.** というと、「君
のいう通りだ」というニュアンスになり
ます。

かまわないよ。

Not at all.

そうだよね。

I'll say.

私はいいわよ。

OK with me.

✤ **That's all right with me.** というと、「私
はそれでいいですよ」。

まさしくその通り。

It sure is.

よし、乗った！

I'm in!

✤ 「よし、やろうよ」といったニュアンスで
す。

いろいろな「賛成と同意」のフレーズです。

私もそう思うわ。	I think so, too.
いいですね。	That's a good idea.
了解です。	I've got it.
じゃあそうしよう。	Let's go with that.
絶対そうだよ。	You can be sure.
あなたが正しいのかもね。	You could be right.

3語以下の小学英語で
「反対・否定」してみましょう。

無理！

Never!
✣ きっぱり断るときに使います。

絶対に無理。

No chance.

とんでもないわ。

No way.
✣「道がない」→「ありえない」という意味。

私じゃないわ。

Not me.

疑わしいですね。

I doubt it.

もちろん、
違うよ。

Of course not.

小学英語で、
きっぱり「反対・否定」するフレーズです。

私は、そうは
思わない。

I don't think so.

それは違うよ。

That's not right.

あなたが
間違っているよ。

You are wrong.

それは、できない
相談ですね。

I can't do that.

そんなの
許されないわ。

You can't do that.

それは、納得
できませんね。

I can't buy that.

私だったら、
やりませんね。

I wouldn't do that.

そうは、
いきませんよ。

We shouldn't let him.

✣直訳すると、「私たちは、彼にそうさせる
べきではありません」。そこから、「彼の
自由にはさせませんよ」というニュアン
スのフレーズに。

あなたには
関係のない
ことです。

It's none of your business.

✣言い方によって、「おかまいなく」とも「口
を出さないでくれ」とも聞こえるフレー
ズです。**It's not your concern.** も、同
様に使えるフレーズです。

小学英語でも、
角を立てずに「否定する」ことができます。

どうでしょう。

I'm not sure.

✣直訳すると、「確信は持てない」。日本の
大人語でいう「どんなものでしょう？」
に近いニュアンスのフレーズです。

それはどうかな。

Don't be so sure.

✣前項と同様、**not** と **sure** を組み合わせて、
疑問を呈するパターンです。

それはどうかな？ | # How about it?

✣「質問」にも「婉曲な否定」にも使えるフレーズです。

何とも
いえませんね。 | # I can't say.

✣ **Can't say.** と縮めると、「さあね」という意味合いに。

何ともいいようが
ないですね。 | # I don't know what to say.

✣前項をやや丁寧にいうと、こうなります。

たぶん、
そうじゃないわ。 | # Maybe not.

それは、いい考え
ではないよ。 | # It's not a good idea.

それは名案とは
思えませんね。 | # I don't think that's a good idea.

やめた方が
いいよ。 | # You don't want to do that.

おやめになった
方がいいですよ。

You shouldn't do that.

∻前項をやや丁寧にいうと、こうなります。

そうできれば
いいんですが。

I wish I could.

∻日本の大人語でいう、「そうしたいのはやまやまですが」に近い意味のフレーズです。

そうはいって
ませんよ。

That's not what I said.

それは違いますよ。 # That's not true.

会話を弾ませる上手な「あいづち」です。

なるほどね。 # I see.

えーっと
（どれどれ）。

Let's see.

∻ **Let me see.** も同様に使えるフレーズです。

それで?	And then?
そうなの?	Is that so?
そうみたいね。	Looks like it.
やっぱり!	That's what I thought!
ところでね…。	By the way...
えーっと。	Let me think.

❖直訳すると、「ちょっと考えさせて」。即答を避けたいときに、間を取るために使います。思いがけない質問には、**Oh, let me think.**（ちょっと考えさせてね）と、**Oh** をつけると、しっくりきます。

小学英語で「お茶を濁す」ことも可能です。

そうかもね。

Could be.

✢はっきりと肯定も否定もしたくないとき
に使います。**It could be.** でも ○K。

たぶんね。

Maybe.

さあ。

You got me.

✢質問されたときに使います。「降参です」
→ 「わかりません」という意味合いのフ
レーズです。

そうだといいね。

I hope so.

考えておくわ。

I'll think it over.

努力してみるわ。

I'll try.

✢ポジティブに使うと、「うん、やってみる」
という意味にも聞こえるフレーズです。

小学英語で、相手を「止める」フレーズです。

やめて。

Stop that.

✤ **Stop it.** でもOK。単に、**Stop!** というと、「動くな！」という意味になります。

やめて！

Cut it out!

✤「いいかげんにしてよ」というニュアンス。ネイティブは「カリラウト！」のように発音します。

やめておこうよ。

Let's not.

そんなこと
しないで。

Don't do that.

静かにして。

Be quiet.

おしゃべりを
やめて。

Stop talking.

あぶない！

Look out!

✤ **Watch out!** でもOK。

放して！	**Let me go!**

❖「（私に）かまわないで」「（私を）放って
おいて」という意味でも使われるフレー
ズです。

あっちへ行って。	**Go over there.**

小学英語で「待ってもらう」には?

ちょっと 待ってね。	**Just a minute.**

❖ Wait a minute. でも○K。

ちょっと 待ってね。	**Wait a second.**

❖ Just a second. でも○Kです。

ちょっと 待っててね。	**Give me a second.**

もうしばらく 待ってね。	**Wait a little while.**

小学英語で謝りましょう。

あの件は、
ごめんね。

Sorry about that.

本当に
ごめんなさい。

I'm so sorry.

✣ **I'm really sorry.** も同様に使えるフレーズです。

そんなつもりじゃ
なかったんです。

I didn't mean it.

あんなこと、
すべきでは
ありませんでした。

I shouldn't have done that.

たいへん
後悔しています。

I feel really bad.

✣ 日本の大人語でいう「猛省しております」
に近いニュアンスのフレーズです。

できれば
いいのですが。

I wish I could.

✤相手の希望に添えないとき、「残念ですが」
という気持ちを込めて断るときなどに使
うフレーズです。

ごめんね、
今忙しいの。

Sorry, I'm busy now.

✤相手の希望に応じられないときに使いま
す。

遅くなって
ごめんなさい。

Sorry, I'm late.

✤遅刻したとき、約束の期限を守れなかっ
たときなどに使います。

小学英語で「軽めの謝罪」を受け入れる
フレーズです。

いいんですよ。

It's all right.

✤「大丈夫ですよ」という意味合いのフレー
ズです。**That's all right.** もよく使われ
ます。

いいよ。	**That's OK.**
私は大丈夫、本当に。	**I'm OK, really.**
心配しないで。	**Don't worry.**
	✤ **Don't worry about it.** というと、「それ、心配しなくていいよ」。
気にしないでください。	**Never mind.**
（私は）気にしてないよ。	**I don't mind.**
あなたのせいじゃないから。	**It's not your fault.**

小学英語で「いろいろなこと」に感謝してみましょう。

電話、ありがとう。

Thanks for calling.

✢ Thank you for calling me. というと、やや丁寧に聞こえ、「お電話ありがとうございます」というニュアンスになります。

来てくれて、ありがとう。

Thank you for coming.

誘ってくれてありがとう。

Thank you for asking me.

時間を割いてくれてありがとう。

Thank you for your time.

✢ Thank you for taking your time.（時間を割いてくださってありがとう）も同様の意味に使えるフレーズです。

教えてくれてありがとう。

Thank you for telling me.

プレゼントを ありがとう。	# Thank you for your gift.
ご親切にどうも。	# That's very kind of you.
とても 助かりました。	# It was a great help.

✥ It was a big help.（たいへん助かりました）でも、OKです。

手伝ってくれて ありがとう。	# Thank you for your help.

✥ Thank you for helping me. も同様に使えます。

すべては、あなたのおかげです。	# It's all thanks to you.

Thankを使いこなしてみましょう。

どうも ありがとう。	# Many thanks.

本当に ありがとう。	**Thanks a lot.**
たいへん ありがとう。	**Thank you so much.**
いろいろと ありがとう ございます。	**Thank you for everything.**
とにかく、 ありがとう。	**Thanks anyway.**
ありがたく 思います。	**I'm thankful.**
それは 素晴らしい。 ありがとう。	**That's great. Thank you.**

小学英語で「決意」を述べてみましょう。

| やってみます。 | **I'll try.** |

私がやります。 **I'll do it.**

私にやらせて。 **Let me try.**

できるだけの
ことをさせて
いただきます。 **I'll do what I can.**

今、します。 **I'm on it.**
✤「もうしてますよ」という意味に使うこと
　が多いフレーズです。

できますよ。 **I can do it.**
✤自信をつけるため、落ちつくため、自分
　自身に対しても使うフレーズです。

精一杯
やりました。 **I did my best.**

すぐ
取りかかります。 **I'll get right on it.**

私がやって
おきますよ。 **I'll take care of it.**

小学英語で「秘密」にすることもできます。

ここだけの
話にしてね。

It's just between us.

❖直訳すると、「それは、私たちの間だけの
　こと」。

誰にも
いわないでね。

I don't want you to tell anyone.

❖ Don't tell anyone. も同様に使えるフ
　レーズです。

○○には
内緒だぞ。

Keep it from ○○.

○○に
話してもいい?

Can I tell ○○ about this?

いいじゃないの。
私になら話しても
いいでしょ。

Come on. You can tell me.

誰から聞いたの?　### Who told you that?

顔に 書いてあるよ。	It's written all over your face.
約束だよ。	You have my word.
何を 企んでるの?	What are you up to?

小学英語でいえる「カンタンな命令文」です。

| 電話に出て。 | **Get it.** |

✢むろん、電話以外にも使え、その場合の
意味は、「それ取って」。

返して。	**Give it back.**
先に行ってて。	**Go first.**
大きい声で 話して。	**Speak up.**
上を見て。	**Look up.**

| 下を見て。 | **Look down.** |

| 片手を出して。 | **Give me five.** |

✥ **five**（指の数）で片手、**ten** なら、両手
という意味になります。

| 人生もっと
楽しみなさいよ。 | **Get a life.** |

3章 小学英語で、もっと「親しくなる」！

ほめる、気づかう、はげます

気持ちを通い合わせるフレーズ

3語以下で、人をほめ、祝うフレーズです。

素敵ね！

Nice!

やったね！

Nice going!

よくやったね！

Well done!

✤このフレーズは、場面によって、「さすが！」「がんばったね！」「でかした！」など、いろいろな意味に使えます。

やったね！

You did it!

✤ You did 〜 は、相手のしたことをほめる定型。You did great. は「よくやったね」、You did well. は「上手にできたね」といった意味になります。

がんばったね！

Good job!

✤このフレーズも、前項と同様、「やったね！」という意味にも使えます。

よかったよ！

Not bad!

| よかったですね！ | **Good for you!** |

✣「さすがですね」「がんばりましたね」という意味にも使えます。

| よくやった！ | **Way to go!** |

| よく
がんばったね。 | **You tried hard.** |

| 感動したよ。 | **I'm moved.** |

✣ **It's so moving.** というと、「とても感動したわ」。

こんな「ほめ言葉」も、小学英語で繰り出せます。

| 君のことを
尊敬するよ。 | **I look up to you.** |

✣ **look up to** は「尊敬する」。なお、**look up** だけだと、「調べる」という意味です。

あなたを 誇りに思うわ。	**I'm proud of you.**
	✢ **I'm so proud of you.** というと、「とても誇らしく思うわ」といったニュアンス。
最高だよ。	**Couldn't be better.**
	✢直訳すると、「これ以上、よくはなれない」。だから、「最高！」という意味になります。
素敵な知らせを 聞いたわよ。	**We've heard the good news.**

小学英語で、「ファッション」をほめるフレーズです。

よく似合うよ。	**You look nice.**
	✢ **You look good with** ○○ は「○○がお似合いですね」という意味の定型フレーズ。
よく 似合いますよ。	**It looks nice on you.**

| とてもよく
お似合いね。 | **It suits you very well.** |

| 素敵なシャツね。 | **I like your shirt.** |

✢ **I like your** ○○ は、「いい○○を着ていますね」「いい○○をしていますね」という意味の定型句。

| 青がとても
よく似合うね。 | **You look great in blue.** |

| 赤がよく
お似合いだ。 | **Red looks great on you.** |

| もっと着た方が
いいですよ。 | **You should wear it
more often.** |

小学英語で、こんな「ほめ方」もできます。

| なんてやさしいの！ | **How sweet!** |

| 器用だね。 | **You have good hands.** |

頭いいわね。	**You're smart.**
上手にできたね。	**You did well.**
いい〜を していますね。	**You have a nice ~**
あなた、〜の 趣味がいいわね。	**You have good taste in ~**

❖たとえば、**You have good taste in men.** というと、「あなた、男の趣味がいいわね」という意味になります。単に、**You have good taste.** というと、「趣味がいいわね」。

アメリカは「がんばって！」の国。
いろいろないい方があります。

がんばって！	**Good luck!**

❖ **Good luck to you.** というと、「幸運を祈ります」というニュアンス。

がんばって！	**Come on!**

がんばれ！	**Go for it!**
	✣直訳すると、「行け」。そこから、目標に向かって「がんばれ！」という意味に。

がんばって。	**More power to you.**

がんばって。	**Keep it up.**
	✣「あきらめないで」というニュアンスを含みます。

がんばるよ。	**I'll do my best.**
	✣直訳すると、「最善を尽くすよ」。

小学英語で、こんな「エール」を送ることもできます。

ドンマイ！	**Don't mind!**
	✣ **Don't worry.**（心配ないわよ）も同様の意味です。

| あきらめないで。 | **Don't give up.** |
| | ✛ Don't give in.（負けないで）も同様の意味に使えます。 |

| 勇気を出して。 | **Be brave.** |

| 気楽にね。 | **Take it easy.** |

| その調子よ。 | **That's the way.** |

| 君ならできるよ。 | **You can do it.** |

| やってごらんよ。 | **Try it.** |
| | ✛ Try it again. は、「もう一度やってごらん」。 |

| ベストを尽くして。 | **Do your best.** |

| 全力を尽くせ。 | **Give it all you've got.** |

| ここは君にまかせた。 | **I'll leave it to you.** |

小学英語で、さまざまに「応援する」フレーズです。

応援してるよ。	**I'll back you up.**
ぼくがついてるよ。	**I'm here for you.**
私はあなたの味方よ。	**I'm on your side.**
力になるよ。	**I'll help you.**
ぼくのこと、当てにしていいから。	**You can count on me.**

✢ count on は、「当てにする」「期待する」「頼りにする」という意味。

手伝おうか?	**Do you need a hand?**

小学英語で、こんな「気づかい」や「共感」を表せます。

どうかしたの？

What's wrong?

✣「何か（よくないことが）あったの？」というニュアンスです。

どうかしたの？

Is something wrong?

大丈夫？

Are you OK?

どうしたの？

What's on your mind?

気持ちは
わかるよ。

I know how you feel.

✣ **I know the feeling.** も同様の意味。

お気の毒に。

That's too bad.

それは
お気の毒に。

I'm sorry to hear that.

何とか なりますよ。	**It will work out.**
仕方がない ことよ。	**It can't be helped.**
私もそうでした。	**I've been there.**

小学英語で、相手の「体調」を
やさしく気づかうことができます。

疲れた?	**Are you tired?**
疲れてませんか?	**Aren't you tired?**
	✣ Aren't you で始めると、いくぶん丁寧に 聞こえます。
寒くは ありませんか?	**Aren't you cold?**
元気ないね。	**You look tired.**

顔色がすごく悪いよ。	**You look so pale.**
気分はどう?	**How do you feel?**
気分でも悪いの?	**Do you feel sick?**
お医者さんに診てもらった方がいいわ。	**You'd better see a doctor.**
少し休んで。	**Get some rest.**
横にならないと。	**I need to lie down.**
寝てなくちゃダメよ。	**You have to stay in bed.**
早くよくなって。	**Get well soon.**
	✤ I hope you well. も、同様に使えるフレーズ。
すぐによくなるわ。	**You'll be better soon.**

お見舞い ありがとうね。	**Thanks for coming to see me.**
病欠の電話を 入れるよ。	**I'll call in sick.**

小学英語で、
こんな「アドバイス」をしてみましょう。

あせらないで。	**Take your time.** ✤直訳すると、「時間をかけて」。
いつも通りでね。	**Be yourself.**
自分らしくね。	**Just be yourself.**
がんばり すぎだよ。	**You work too hard.**
心配しすぎだよ。	**You worry too much.**

急がなくていいよ。	You don't have to hurry.
そのままでいいよ。	Leave it as it is.
それが一番だよ。	It's for the best.
大丈夫よ。	You are OK.
君らしくもない。	That's not like you.

小学英語で、問題を「先送りする」ことも可能です。

様子を見よう。	Let's wait and see.
待てない?	Can't it wait?
私に聞かないで。	Don't ask me.

| 保留に
しています。 | It's on hold. |

「know」を使いこなすと、こんなことがいえます。

そうでしょ?	You know?
ご存じの通り、〜。	As you know, ~
知ってる?	You know what?
お見通しだよ。	I know you.
そんなの 常識ですよ。	Everyone knows that.
この辺りのこと、 知ってるの?	Do you know the area?

「行く・行かない」をめぐって、知っておきたい基本フレーズです。

| すぐに行くわ。 | I'm coming soon. |
| | ✣単に、Coming! といっても、「今行く！」という意味になります。 |

| もう行きます。 | I should get going. |

| 後から行くよ。 | I'll catch up with you. |

| ちょっと来て。 | Come here. |

| 待ってよ！ | Wait for me! |

「聞く・聞かない」をめぐって、頭に入れておきたいフレーズです。

| ねぇ、聞いて。 | Hey, listen. |

| 聞いて聞いて！ | Listen up! |

これ、聞いてよ！	**Listen to this!**
最後まで 聞いてください。	**Let me finish.**
聞いてるよ。	**I'm listening.**
一生懸命、 聞いています。	**I'm all ears.**

✢「聞くから！」というニュアンスでも使えます。

小学英語で、「感想」を伝えるフレーズです。

とても面白いよ。	**It's so funny.**
それも よさそうね。	**That sounds great.**
大したことは ないよ。	**Nothing much.**
いまいちだよ。	**Not so good.**

3語以下の小学英語で、
ネイティブとこんなに話せます。

それで?	**And?**
いいえ、結構です。	**No, thank you.**
あそこよ。	**Over there.**
以上です。	**That's it.** ✣ That's that. というと、「そういうこと」。
以上です。	**That's all.**
～は以上です。	**So much for ~**
聞いた?	**Did you hear?**
本当ね。	**That's right.**
これはどうかな?	**Here's an idea.**

いつでもいいわ。	**Anytime is OK.**
	❖ **Anything is OK.** というと、「どれでもいいわ」、あるいは「何でもいいわ」。
え、何？	**You what?**
	❖ 少し丁寧にいうと、**What did you say?**（何ていったの？）
ええ、お願いします。	**Yes, please.**
教えてね。	**Let me know.**
もっと詳しく教えて。	**Tell me more.**
私のいうことを聞いて。	**Listen to me.**
いい？	**Can I ?**
ダメっていわないでね。	**Don't say no.**

お願い、わかって。	**Please understand.**
本当のことをいうね。	**Here's the truth.**
順番ね。	**Take turns.**
仲良くね。	**Be friends.**

こんなネイティブっぽい「フレーズ」も、小学英語でいえます。

はっきりいって。	**Get to the point.**
もう一度、お願い。	**One more time, please.**
もう一度、おっしゃってくださいますか?	**Would you say that again?**

❖前項をかなり丁寧にした言い方です。

聞こえました?	Can you hear me?
聞こえなかったんだけど。	I didn't catch you.
この席、空いていますか?	Is this seat taken?
今、旅行中です。	I'm on a trip.
急がなくちゃ。	I have to hurry.
あまり時間がありません。	I don't have much time.
ちょっとこれ見て。	Take a look this.
遅れてごめんなさい。	I'm sorry I'm late.
何食べようかな?	What should I have?

ネイティブとの会話によく登場する「中級のフレーズ」です。

今にわかるわ。	You'll see.
どこまで話したか忘れたよ。	Where was I?
どこまで話したっけ?	Where did we stop?
それについて話して。	Tell me about it.
(〜と)いいたいのですか?	Are you saying (that)~?
何か(何とか)いってください。	Say something.
だからいったでしょう!	See? I told you!

無理に話さなくていいんですよ。	You don't have to talk about it.
いいたいことがあります。	I'd like to say something.
本当にそう考えてるの?	You think so?
よくそういわれるのよね。	I get that a lot.
そんなふうに、感じているところです。	That's how I feel.
覚えておくよ。	I'll keep that in mind.
聞いちゃってごめんなさい。	I'm sorry I asked.
何かあったんですか?	What was that?

おかけに なりませんか?	**Would you like to sit?**
約束します。	**You have my word.**

小学英語で、こんな言い回しも可能です。

そんな目で 見ないで。	**Don't look at me like that.**
世間は 狭いですね。	**It's a small world.**
○○には やさしくね。	**Be nice to ○○.**

✥たとえば、**Be nice to your sister.** というと、「妹さん（お姉さん）にはやさしくね」。

それは さておいて〜。	**Moving on, ~**
決心しました。	**I made up my mind.**

これだけは やらせて。	Let me just finish this.
朝飯前さ。	It's a piece of cake.
楽しみのために やってるの。	I just do it for fun.
私のおごりだよ。	This is on me.
私の分を 払わせてください。	Let me pay for mine.

4章 小学英語で、

いろいろな「感情」を伝える！

喜ぶ、怒る、納得する
気持ちを表現するフレーズ

3単語あれば、
いろいろな「うれしさ」を表せます。

やったー！

I did it!

✤単に、**Yay!** でも「やったー！」という気持ちを表せます。

うれしい！

I'm happy!

✤うれしさをより強調したいときは、**I'm so happy!**（とても、うれしい！）。

気分がいい。

I feel great.

最高だよ！

Never better!

あなたって
すごく
面白いわね。

You're so funny.

待ちきれません。

I can't wait.

間に合った！

Just in time!

小学英語で「ポジティブな気分」を
表すフレーズです。

いいと思うわ。

I think it's nice.

とても
気に入ったわ。

I like it very much.

それを聞いて、
うれしく思います。

I'm glad to hear that.

ハイな気分です。

I'm on a high.

✢ on a high は、「ハイな気分で」という意
味。

やった！
遊べるぞ。

Great! I can have some fun.

喜んで
お伴しますよ。

I'm willing to go with you.

いよいよ、その時が来ましたよ。	**The time has come.**
	✣ Now is the time. や It is the right time. も、同様の意味に使えます。

「喜び」は、This isとThat'sで うまく表しましょう。

これはいい！	**This is great!**
	✣ That's good! や That's cool!（それはいいね！）も、同様に使えます。
夢みたい！	**This is like a dream!**
	✣ It's too good to be true.（現実としては出来すぎなくらい）も、意味の似たフレーズです。
とても楽しい。	**It's great fun.**
楽しいね！	**This is fun!**
	✣ This is too funny! というと、「おかしすぎ！ 笑える！」というニュアンスを表せます。

これ、すごく楽しいよ。	**This is so much fun.**

❖ 人に、遊びなどをすすめるときに使うフレーズです。

それは、きっと楽しいだろうね！	**That would be fun!**

それは大したものだ！	**That's something!**

そいつはいい（いい知らせだ）。	**That's good to hear.**

それ、いいね。	**That's a good one.**

❖ 「それ、笑える」という意味で使うこともできます。

小学英語でも、人を十分に慰められます。

心中お察しします。	**I know how you feel.**

あなた、悲しそう。	**You look sad.**
残念だわ。	**I'm sorry.**

✢「ごめんなさい」という意味だけでなく、同情を表す場合にも使えます。

悲しまないで。	**Don't be sad.**
そうでないといいんだけど。	**Hope not.**
仕方のないことですよ。	**We couldn't help it.**
知っていればよかったんだけど。	**If only I knew.**

✢「知らなくて残念」という気持ちを表します。

| 彼女、悲しい顔をしていたよ。 | **She had a sad face.** |
| どうして、そんな浮かない顔をしているの? | **Why the long face?** |

小学英語で、「小さな怒り」を伝えるフレーズです。

それはないでしょう。

Give me a break.

✣直訳すると「間をください」。相手の発言に対し、「ちょっと待ってよ」「勘弁してよ」といいたいときに使います。**Give me a back.** ともいいます。

聞こえてる?

Do you hear me?

✣相手がこちらを無視しているときや、反応が鈍いときに使います。**Listen here.**（ちゃんと聞いて）という言い方もあります。

話を最後まで聞いて。

I'm not finished.

✣直訳すると、「私（の話）は終わっていない」。相手が話を打ち切ろうとしたときや、途中で口をはさんできたときに使います。

一体これは何?

What's all this?

何がそんなに
おかしいんだよ。

What's so funny?

✤単に、「何がそんなに面白いの？」という
意味でも使えます。

落ちついて！

Slow down!

✤相手が興奮して、話にならないときなど
に使います。

しっかりしなさい。

Get a life.

今、
考えてるんだよ。

I'm thinking now.

一人にして。

Leave me alone.

どうしてぼくが？

Why should I?

✤面倒な用事を押しつけられそうなときな
どに、「どうしてぼくがやらなきゃいけな
いんだよ」というニュアンスで使います。

好きにしたら。

Do as you like.

小学英語で
「本気の怒り」を伝えるフレーズです。

我慢できない！

I can't stand it!

✣ **stand** には、「立つ」のほかに「我慢する」「耐える」という意味があります。

覚えてなさい。

I'll be back.

✣ 有名な映画の決めゼリフとしても、使われたフレーズです。

（その発言を）撤回しろ！

Take it back!

どうにかしてよ！

Do something!

✣ **Say something.** というと、「何とかいったらどうなの」。

そんなことをいった覚えはない。

I never said that.

もううんざり。

I've had it.

○○にはよくして
やったのに。

I've been good to ○○.

気は確か?

Are you out of your mind?

✢ **You're out of your mind!** と肯定形で
　いうと、「正気なの?!」というニュアン
　スになります。

絶交です。

I'm done with you.

✢直訳すると、「あなたと(の関係)は終わっ
　た」。

いい年して。

Act your age.

✢直訳すると、「年相応に振る舞いなさい」。
　Grow up!(成長しろ!)も同様に、「い
　い年して、バカな真似はやめなさい」と
　いう意味合いで使える言葉です。

いい年をして
何ですか?

How old are you?

✛むろん、普通に使うと、「おいくつです
か？」という意味。ただ、日本語で「あなた、
一体いくつなの？」というのと同じよう
に、相手をたしなめるニュアンスを込め
ることができます。

何様だと
思ってるんだ?

Who do you think
you are?

✛ **Why do you think you are?** も、同様
に使えるフレーズです。

誰に向かって
話してるんだ?

Who are you to talk?

✛ **Says who?**（誰にいってんだ？）と短く
叫べば、より強く怒りを表すことができ
ます。

「抗議」するときも、That'sで始めましょう。

いいかげんに
して！

That's enough!

✢相手への抗議は、**This is** ではなく、**That's** で始めるのが〝定型〟。これは、「もう十分！ やめてくれ」というニュアンスです。

だから
いったのに。

That's why I told you.

✢「それ見たことか」という意味合いのフレーズ。関係代名詞を換えて、**That's what I told you.** ともいいます。**I told you, didn't I?**（私、いいませんでしたか？）も、同様に使えるフレーズです。

あんまりだよ。

That's not fair.

✢直訳すると、「それは、フェアではない」。アメリカ人にとって、「フェアではない」ことは、日本の「卑怯」に近い悪徳です。

やりすぎよ。

That's too much.

口ゲンカには、don'tがぴったりです。

バカに
しないでよ。

Don't make fun of me.

✣英語には、**Don't** を使う抗議の言葉が多
数あります。逆にいうと、ケンカを売る
気がないときは、**Don't** で始まる表現を
なるべく避けた方がいいでしょう。

私が知らないとでも
思っているの。

Don't tell me you don't know.

✣「しらばっくれないで」というニュアンス
の〝抗議語〟です。

いちいち
指図しないで！

Don't tell me what to do!

口ごたえ
するんじゃない！

Don't talk back to me!

バカに
しないでよ。

Don't try to fool me.

✣やわらかくいうと、「かついじゃいけませ
ん」くらいのニュアンスに聞こえます。

何も知らない
くせに。

You don't know that.

ぼくの知った
ことじゃない。

I don't know about that.

❖やわらかく使うと、「それはどうかな」と
いう意味にも聞こえます。

小学英語でいえるいろいろな「愚痴」です。

ついてないな。

I'm out of luck.

ぼくには
できないと
思います。

I'm afraid I can't.

❖ **I'm afraid 〜** は、「〜ではないかと恐れ
る（心配する）」という意味の定型句。

もう終わった
ことなんだ。

It's all over.

どうしようも
ありません。

I can do nothing
about it.

❖「なすすべもありません」「手の施しよう
があります」というニュアンスのフレー
ズ。

鬱な気分です。

I feel blue.

❖ It makes me feel blue. というと、「憂
鬱にもなりますよ」。

独りぼっちだよ。

I feel alone.

❖「孤独だよ」「寂しいよ」という意味のフ
レーズです。

どうしようも
ないんだ。

I can't help it.

❖ It couldn't be helped. というと、「しょ
うがなかったんだ」という意味合い。

小学英語でも、こんな「ネガティブな気持ち」を表せます。

おっと、
いけない！

Oh, don't!

そうじゃなきゃ
いいけど。

I hope not.

時間を無駄に
したくないんだ。

I don't wanna waste time.

❖ **wanna** は、**want to** と同じ意味。小学校で習う英単語ではありませんが、ネイティブがよく使うので、紹介しておきます。

ごめんなさい。
そうできたら
いいのだけど。

I'm sorry.
I wish I could.

泣くのをやめて。

Stop crying.

彼女は私に
ひどく怒っている。

She is mad at me.

恨まないで
くださいね。

Don't shoot me.

❖直訳すると、「撃たないでくださいね」と
いう怖いセリフです。

ぼくは涙を
こらえていました。

I held back tears.

泣きに
泣きました。

I cried and cried.

それ、腐ってるよ。

It's gone bad.

乗り過ごした！

I've missed my stop!

小学英語で「まさか」と叫んでみる！

まさか。

Don't tell me.

ウソ！（バカな！）

No way!

❖ **No kidding!** も同様に使える決まり文句
です。

（冗談）やめてよ！	**Stop it!**
本当に?	**Are you sure?**

✢「確かな話なの？」というニュアンスのフレーズです。また、**Are you serious?** というと、「本気なの？」という意味。

ありえない。	**It can't be.**
そんなはず ないわ。	**That can't be true.**
まあ、なんてこと！	**Oh, my God!**

✢ **Oh, my!** と「神様」を省いても、同様の意味で使えます。

これは 驚きました。	**I'm surprised.**

✢「驚き」を伝える最もオーソドックスなフレーズです。

小学英語で「納得」を伝えるフレーズです。

道理でね。

No wonder.

✥直訳すると、「不思議ではない」。相手の話に対して、「さもありなん」という気持ちを伝えるフレーズです。

そんな気がしてたよ。

I sensed it.

✥雰囲気や空気から、「感じていましたよ」という意味合いのフレーズ。

なんとなくわかってたよ。

I kind of knew it.

✥ kind はいろいろな意味のある単語で、この kind of は、「だいたい」「どちらかといえば」という意味です。

小学英語で、人を「描写」してみましょう。

彼女、とても賢そう。

She looks very smart.

✥英語では、smart は、スタイルよりも、頭のよさに対して使う形容詞です。

| 彼女、頭いいよ。 | **She is clever.** |

| 彼女、すごくやさしいんだ。 | **She is so sweet.** |

| 彼って、とても親切。 | **He is very kind.** |

✣ この kind は「親切」という最も一般的な意味です。

| 彼、寛大なんだ。 | **He has a big heart.** |

✣ 「心が広い」「腹が大きい」という日本語に対応するのが、英語の **big heart** です。

| 彼、努力家だよ。 | **He's hard worker.** |

| 彼、口が軽くってね。 | **He has a big mouth.** |

✣ **big mouth** は「大口を叩く」というよりも、「口が軽い」というニュアンスでよく使われます。

5章 小学英語で、楽しく「つきあう」！

誘う、約束する、待ち合わせる

「人づきあい」をめぐるフレーズ

小学英語で「食事」に誘ってみましょう。

何か食べようよ。 ➔ **Let's eat something.**

外で食事しようよ。 ➔ **Let's eat out.**

外で食事
しませんか？ ➔ **Let's eat out,
shall we?**

> ✛ **shall we?** をつけて疑問形にすると、相手の意向を尋ねる
> 形の丁寧な表現になります。**Why don't we eat out?** も、
> 同様に丁寧な誘い方です。

ランチに行かない？ ➔ **How about lunch?**

> ✛ **How about** は、気のおけない相手を誘うときによく使わ
> れる形。**How about a drink tonight?** というと、「今晩
> 一杯やりませんか？」という意味です。

今晩あたり、
いかがですか？ ➔ **Would you want to go
for a drink tonight?**

> ✛ 直訳すると「今晩、飲みに行きませんか？」ですが、
> **Would you** を使うと、日本の大人語の「今晩あたり、い
> かがですか？」というニュアンスになります。

行こうよ。
おごるよ。 → **Come on. It's on me.**

夕食をおごるよ。 → **I'll buy you dinner.**

いい所（店）
知ってるんだ。 → **I know a good place.**

中華はどう？ → **How about Chinese food?**

味はいいよ。 → **The food is good.**

何が好き？ → **What do you like to eat?**

小学英語で「いろいろなこと」に 人を誘うフレーズです。

さあ、
出かけましょう。 → **Let's go out.**

散歩に行こうよ。 → **Let's go for a walk.**

街に出ましょう。 → **Let's hit the street.**

ドライブに行こう。 → **Let's go for a drive.**

パーティー
しようよ。 → **Let's have a party.**

今度会おうよ！ → **Let's meet up!**

ご一緒しませんか? → **Would you join us?**

あなたもどう? → **How about you?**

ちょっと
一休みしようよ。 → **Let's have a break.**

小学英語で、
人を「自宅」に招くときのフレーズです。

遊びに来てね。 → **Stop by.**

❖ **stop by** は「立ち寄る」という意味です。

たまには、顔を
お出しください。 → **You should stop by sometimes.**

遊びに来てね。 → **Come see us (me).**

いらっしゃって
くださいね。 → **I'd like you to come.**

うちに来ない? → **How about coming over?**

✧ **come over** は「やって来る」という意味です。

うちに来ませんか? → **Won't you come over?**

お茶を飲みに
来ませんか? → **Why don't you come over for tea?**

来てくれて、
ありがとう。 → **Thanks for coming.**

さあ、入って。　→ **Come on in.**

‡ **Please come in.**（どうぞ、お入りください）というと、
多少は丁寧に聞こえます。

「約束の時間」は、小学英語で十分決められます。

いつにします？　→ **When shall we make it?**

‡ **make it** は多義的な言葉で、「うまくいく」「なし遂げる」「間
に合う」「時間の都合をつける」などの意味で使われます。
ここでは、「約束する」という意味。

いつが
よろしいですか？　→ **When's good for you?**

今夜
空いてますか？　→ **Are you free tonight?**

明日はどう？　→ **How about tomorrow?**

明日は、
仕事ですか？ → **Are you on tomorrow?**

❖「明日はお休みですか？」は、**Are you off tomorrow?**

明日は、
忙しいですか？ → **Are you busy tomorrow?**

❖「明日は、お暇ですか？」は、**Are you free tomorrow?**

何時ごろ？ → **About what time?**

7時でどう？ → **How about 7 o'clock?**

8時でいい？ → **8 o'clock is OK?**

9時がいいわ。 → **9 o'clock is fine.**

早すぎる？ → **Is it too early?**

❖「遅すぎる？」は、**Is it too late?**

次の月曜日は
どうですか？ → **How about next Monday?**

日曜日がいいです。 ➡ **Sunday is fine.**

いつでもいいです。 ➡ **Any day is okay.**

「待ち合わせの場所」を決めるのも、小学英語でOK。

どこにしましょう？ ➡ **Where shall we meet?**

> ✣ **Where should we meet?**（どこで待ち合わせましょう？）
> というと、やや丁寧に聞こえます。

どちらに伺えば
いいのですか？ ➡ **Where should I go?**

そちらで？ それ
とも、こちらで？ ➡ **At your place or ours?**

そちらに
伺いましょうか？ ➡ **Shall I call on you?**

こっちに
来てくれる？ → **Can you come here?**

✣ **Could you come here?**（こちらに来てもらえますか？）
とすると、やや丁寧に聞こえます。

じゃ、そこでね。 → **See you there.**

そちらに伺います。 → **I'll be there.**

**人と待ち合わせたときに、
よく使うフレーズです。**

今、向かってる
ところです。 → **I'm on my way.**

今、行くね！ → **I'm coming!**

どのくらいかかる? → **How long will it take?**

遅れそうです。 → **I'm going to be late.**

もうすぐ着くよ。 → I'll be there soon.

待った? → Did I make you wait?

待たせて
ごめんね。 → I'm sorry to make you wait.

私も、
今来たところ。 → I just got here myself.

「お招き」に気持ちよく応えるフレーズです。

喜んで行きます。 → I'd love to come.

おじゃましても
いいの? → May I come over?

明日はお休みよ。 → I'm off tomorrow.

明日は1日
空いています。 → I'm free all day tomorrow.

小学英語でも、
角を立てずに断ることができます。

明日は1日 予定が埋まって いるんです。	**I'm booked all day tomorrow.**
明日は忙しいのよ。	**I'll be busy tomorrow.**
その日は都合が 悪くて。	**That's a bad day for me.**
別の日は いかがですか?	**How about another day?**
別の機会にね。	**Maybe another time.**

✣ **Maybe some other time.** といっても、同じ意味です。

また誘って くださいね。	**Please ask me again.**

「お酒と飲み会」に関して、よく使うフレーズです。

同じものをもう1杯もらえますか。 → **Can I have more of this?**

ストレートで。 → **I'll drink it straight.**

何を飲んでるの? → **What are you drinking?**

お酒は何が好き? → **What do you like to drink?**

ぼくはビール党です。 → **Beer is my thing.**

あなた飲みすぎよ。 → **I think you had too much to drink.**

ご一緒してもよろしいですか? → **Can I sit next to you?**

❖ **next to ～** は「～の隣に」という意味です。

何がいいですか? → **What would you like?**

どうぞ
お取りください。 → **Help yourself, please.**

お口に合うと
いいんですが。 → **I hope you like it.**

お口に合いますか? → **How do you like it?**

おいしいですか? → **Does it taste good?**

小学英語で、忙しそうな人に「話しかける」フレーズです。

ちょっといい? → **Have a minute?**

✣仕事中の人に話しかけるときなどに使います。**Do you have a minute?** や **Do you have time?** も同様に使えます。

話してもいい? → **Can I talk to you?**

ちょっと 聞いてもいい?	→	**Can I ask you a question?**
今忙しい?	→	**Are you busy right now?**
少々、お伺い したいのですが?	→	**Could you tell me something?**
打ち合わせ できますか?	→	**Can we have a meeting?**
相談したいの ですが。	→	**I need to talk to you.**

小学英語で「お願いする」フレーズです。

手伝って くれませんか?	→	**Will you help me?**
手伝っていただけ ませんか?	→	**Do you mind helping me?**

手伝って
もらいたいんだ。 → **I need a hand.**

そうして
いただけますか? → **Could you do it?**

すみません、
お忙しいところ。 → **Sorry, I know you're busy.**

入っても
いいですか? → **May I come in?**

ご一緒して
いいですか? → **Can I join you?**

乗せてって
くれますか? → **Can you give me a ride?**

お手洗いを借りて
いいですか? → **May I use the bathroom?**

弊社に立ち寄って
いただけますか? → **Could you drop by our office?**

6章 小学英語で、「質問」する！

仕事、プライバシー、近況
失礼のないように尋ねるフレーズ

まずは「How」で始める「質問」から。

これはどう？　　→ **How about this?**

> ✢ **How about ~ ?** は、前にも出てきましたが、「~はどう？」 という意味の定番フレーズ。たとえば、**How about tomorrow?** は「明日はどう？」、**How about you?** は「あなたはどう？」 という意味になります。

どうして？　　→ **How come?**

(時間は)どれ
くらいかかるの？　→ **How long?**

> ✢ たとえば、**How long is the tour?** といえば、「ツアーの 時間はどれくらいかかりますか？」。

どれくらい
遠いの？　　→ **How far?**

どう思う？　　→ **How's that?**

どうしてました？　→ **How have you been?**

どうやって、
やったの？　　→ **How did you do that?**

どうして、 知ってるの?	→	**How did you know that?**

原因（きっかけ）は 何ですか?	→	**How did it start?**

どうやって 作るのですか?	→	**How do you make it?**

どういえば いいのかな。	→	**How should I put it.**

✣ **put it** は「いう」「伝える」という意味。

次いで、「What」で始める質問です。

何のために?	→	**What for?**

✣「何に使うの？」という意味にも使えます。

どうなってるの?	→	**What's going on?**

✣「何の騒ぎですか？」という意味にも使えるフレーズです。

今なんて? → **What's that?**

‡相手の言葉を聞き返すときに使います。

今なんていったの? → **What did you just say?**

‡前項をやや丁寧にいうと、こうなります。

どういう意味? → **What do you mean?**

‡「と、いうと?」「と、おっしゃいますと?」というニュアンスのフレーズです。

何をしているの? → **What are you doing?**

どう思う? → **What do you think?**

‡ **What do you think of that?** というと、「それについて、どう思いますか?」

何といったら
いいのだろう? → **What should I say?**

今日は何曜日? → **What day is it today?**

昨日は何を食べましたか?	→	**What did you eat yesterday?**
どんな料理を作るのが好き?	→	**What do you like to cook?**
何か用意するものはありますか?	→	**What should we bring?**
どういうふうに?	→	**Like what?**

What以外の「4W」とWhichで質問してみましょう。

どうして、ダメなの?	→	**Why not?**
どうして、私なの?	→	**Why me?**
どうして、そうなの?	→	**Why so?**
どこへ行くの?	→	**Where are you going?**

それどこで
買ったの? ➡ **Where did you buy that?**

誰から聞いたの? ➡ **Who told you?**

> ✤ **Says who?** というと、「誰がいったの?」というニュアンスになります。

いつ行くの? ➡ **When are you going?**

いつ戻ってくれば
いいですか? ➡ **When should I be back?**

どれ? ➡ **Which one?**

> ✤なお、一般に 5W1H というときの「5W」は、**What**、**Why**、**Where**、**Who**、**When** の 5 つで、**Which** は含まれません。

どっちがいい? ➡ **Which do you like?**

小学英語で「仕事」について尋ねてみます。

お仕事は
何ですか？

→ **What business are you in?**

お仕事は
何ですか？

→ **What do you do?**

÷普通は「何をしますか？」という意味に使うフレーズですが、相手の仕事を尋ねるときにも使えます。

お仕事は
何ですか？

→ **What do you do for living?**

÷直訳すると、「どんなお仕事で生計を立てられているのですか？」

お仕事は
何ですか？

→ **Who do you work for?**

÷直訳すると、「誰のために働いているのですか？」

こちらでは、
何を担当されて
いますか？

→ **What do you do here?**

お勤めは
どちらですか？　→ **Where do you work?**

❖働いている「場所」を尋ねるときにも使えるフレーズです。

景気は
どうですか？　→ **How's business?**

小学英語で、失礼のないように「プライバシー」について尋ねてみましょう。

お名前を聞いても
いいですか？　→ **May I ask your name?**

❖ **May I have your name?** も同様に使えるフレーズです。

何とお呼びすれば
いいですか？　→ **What should I call you?**

お名前は
どのような
スペルですか？　→ **How do you spell your name?**

ご出身は
どちらですか？ → **Where are you from?**

✤ツーリストに対して使うと、「どちらから、いらっしゃいま
したか？」という意味になります。

どちらに
お住まいですか？ → **Where do you live?**

何人家族ですか？ → **How big is your family?**

小学英語で「趣味」について 尋ねるフレーズです。

ご趣味は
何ですか？ → **What's your hobby?**

何かご趣味を
お持ちですか？ → **Do you have a hobby?**

何をするのが
好きですか？ → **What do you like to do?**

何にハマってるの? → **What are you into?**

✥ **be into** は、「ハマる」「熱中する」という意味。

アニメは
好きですか? → **Do you like anime?**

小学英語で、「観光客」には
こんなことを聞いてみましょう。

日本は
初めてですか? → **Is this your first visit to Japan?**

✥ **Is this your first time here?** と尋ねると、「こちらへは今回が初めてですか?」。

どこを
観光しましたか? → **What place did you see?**

京都には
行かれましたか? → **Have you been to Kyoto?**

京都はどうでした? → **How was Kyoto?**

（〜へ）
行ったことが → **Have you ever been**
ありますか？ **to ~ ?**

❖ Have you ever gone to 〜？ も、同様の意味のフレーズ
です。

どうしてこちらへ？ → **What brought you here?**

❖直訳すると、「何があなたをここへ連れてきましたか？」

どれくらい → **How long will you**
滞在しますか？ **stay?**

どちらに → **Where are you**
滞在予定ですか？ **staying?**

楽しかったことは? → **What did you enjoy?**

日本では → **What did you do in**
何をしましたか？ **Japan?**

小学英語で、
こんな聞き方をすることもできます。

それで? ➡ **So?**

> ✥相手の話をうながすときにも、単なるあいづちとしても使えます。

そうなの? ➡ **Is that so?**

それは本当? ➡ **Is that right?**

見た? ➡ **Did you see?**

どうしたのですか? ➡ **Can I help you?**

> ✥むろん、「お手伝いしましょうか？」という意味にも使えます。

誰かいるの? ➡ **Is anybody here?**

時間はありますか? ➡ **Will you have time?**

> ✥ **Do you have a minute?** も同様に使えるフレーズです。

お昼は すませましたか?	→	**Have you had lunch?**
今日のご予定は?	→	**Do you have any plans today?**
車で行って 大丈夫ですか?	→	**Can I come by car?**
もう一度いって もらえますか?	→	**Can you say that again, please?**
そうでしょう?	→	**Am I right?**

❖直訳すると、「私、正しいでしょう？」で、同意を求めるフレーズ。

わかって くれました?	→	**Do you understand me?**
わかりました?	→	**Do you get the idea?**
私のいいたいこと、 わかります?	→	**Do you know what I mean?**

| ここまでは大丈夫ですか? | → | **Are you with me so far?** |

「答えられない」ときには、こんなフレーズで応対しましょう。

| 知っていたら、よかったのですが。 | → | **I wish I know.** |

| 本当に知りません（わかりません）。 | → | **I really don't know.** |

| まったくわかりません。 | → | **I have no idea.** |

✣「アイデアが浮かばない」という意味ではなく、「見当もつかない」というニュアンス。

| どうしていいかわかりません。 | → | **I don't know what to do.** |

| あなたのいっていることがわかりません。 | → | **I didn't get you.** |

7章 小学英語で、
思う存分「観光する」！

買い物、レストラン、乗り物
街歩きや遊びで役立つフレーズ

「買い物」は、こんな小学英語で十分です！

ここに
入ってみようよ。 → **Let's go in.**

すみません。 → **Excuse me.**

誰かいますか。 → **Is anyone there?**

  ❖店員の姿が見当たらないときに。

ありがとう、見てる → **I'm just looking,**
だけなので。 → **thanks.**

  ❖店員から声をかけられたときの定番フレーズです。

これを
見せてください。 → **Show me this one.**

  ❖ **Could you show me?**（見せていただけますか？）とい
  うと、やや丁寧に聞こえます。

これ、見せて
もらって → **Can I take a look at**
いいですか? → **this?**

小さめのサイズ
ありますか？ → **Do you have a smaller size?**

触っても
いいですか？ → **Can I touch it?**

セール品ですか？ → **Is it on sale?**

日本でも
使えますか？ → **Does it work in Japan?**

これください。 → **I'll take this one.**

❖ **I'd like to buy this.** というと、「これを買いたいのですが」
というニュアンス。

やめておきます。 → **I'll leave it.**

❖ **I think I'll pass.**（やめておきます）という言い方もあり
ます。

ちょっと
考えますね。 → **I'll think about it.**

❖ **Let me think about it.** というと、「ちょっと考えさせて
ください」というニュアンスになります。

後でまた
来てみますね。　　→ I'll come back later.

動かないの
ですが。　　　→ It won't work.

❖故障したときに。

返品したいの
ですが。　　　→ I'd like to return this.

何時、
開店ですか?　→ What time do you open?

❖閉店時間を聞くときは、What time do you close? あるいは When do they (you) close?

営業時間は?　→ What are your hours?

「支払い」は、こんな小学英語でOKです。

現金で
お願いします。　→ I'd like to pay in cash.

カードで お支払いします。	→	**I'll pay by card.**
カードでお支払いは できますか？	→	**Could I pay by card?**
このクレジットカード でいいですか？	→	**This credit card, OK?**
申し訳ありませんが、 現金で お願いしています。	→	**Sorry, cash only.**
日本円で いくらですか？	→	**How much is this in yen?**
どこで支払えば いいですか？	→	**Where can I pay for this?**
割引券を 持っています。	→	**I have some coupons.**
日本に送って いただけますか？	→	**Could you ship it to Japan?**

着て帰ります。 → **I'll wear it now.**

袋は要りません。 → **I don't need a bag.**

「お店の人」がよく使う基本フレーズです。頭に入れておくと、聞き取れますよ。

ごゆっくりどうぞ。 → **OK, take your time.**

‣ **I'm just looking, thanks.** というと、こんなフレーズが
返ってくることが多いはず。

こちらは
いかがですか? → **How about this?**

お客様用ですか? → **Is it for you?**

はい、
わかりました。 → **OK, got it.**

10ドルです。 → **That'll be ten dollars.**

3個で10ドルです。 → **Three for ten dollars.**

2個買えば、
1個おまけです。 → **Buy two, get one free.**

「試着」も小学英語でスムーズにできます。

試着しても
いいですか？ → **Can I try this on?**

> ✛ **I want to try it on.**（試着したいのですが）も、同様の意味です。

似合うかしら？ → **How do I look?**

お似合いですよ。 → **It looks good on you.**

大きすぎますね。 → **It is too big for me.**

ちょっと
きついですね。 → **It is too tight for me.**

レストランに「入るまで」の基本フレーズです。

何名様ですか? → **How many in your party?**

3人です。 → **A group of three.**

✢前項のように、聞かれたときに。もちろん、単に **three** でも伝わります。

6時から2人です。 → **Two people for 6 o'clock.**

✢予約を入れるときに。

窓際の席をお願いします。 → **By the window, please.**

ネクタイなしでもいいですか? → **No tie, OK?**

少し遅れてしまいました。 → **I'm sorry we're late.**

ただいま満席です。 → **We are full at the moment.**

どれくらい
待ちますか？ → **How long is the wait?**

席はいつ
空きますか？ → **When can I get a table?**

待ちます。 → **We'll wait.**

食事の「注文」も、小学英語で十分伝わります。

メニューを
お願いします。 → **Menu, please.**

> ✣丁寧にいうと、**Could I have a menu, please?**（メニューをいただけますか？）。

メニューです。 → **Here's the menu.**

日本語の
メニューは
ありますか？ → **Do you have a Japanese menu?**

これはどんな
料理ですか? → **What kind of dish is this?**

✢ **What's this food like?** と尋ねても、同様の意味になります。

食材は
何なのでしょう? → **What's in it?**

どれくらい
量があるのかしら? → **How big is it?**

軽いものは
どれですか? → **Which one is light?**

✢ 単に **Anything light?**（何か軽いものは？）でも○K。

すごく辛いですか? → **Is that really hot?**

✢ **Is it hot?** は、「それ、辛い？」くらいのニュアンス。

どれも
おいしそうね。 → **It all looks good.**

注文します。 → **Order, please.**

> ∻ **May I order?**（注文してもいいですか？）と疑問形で表すこともできます。

これを
お願いします。 → **I'll take this.**

> ∻ **I'll have that.**（私はそれにします）でもOK。

私はこのコースに
します。 → **I'll have this course.**

私も同じものを。 → **I'll have the same, please.**

これを2つ
いただきます。 → **Two of these, please.**

> ∻ **Two of this set, please.** というと、「このセットを2つ
> お願いします」。

ご注文は
以上ですか? → **Is that all?**

とりあえず、
それだけです。 → **For the time, that's all.**

❖注文をとりあえず終えるときに。

お水を1杯
ください。 → **Can I have a glass of water?**

これは頼んで
いません。 → **This isn't my order.**

これを
さげてください。 → **Take this away, please.**

お召し上がりですか、
それとも
お持ち帰りですか? → **For here or to go?**

❖店側の人の言葉です。

ここ(店内)で
食べます。 → **I'll eat here.**

❖テイクアウトかどうか尋ねられたときに。**That's for here.** や **For here, please.** も、ともに「ここで食べます」という意味。

持ち帰りで
お願いします。 → **To go, please.**

> ❖丁寧にいうと、**Could I take this home?**（こちら、持ち帰りたいのですが）。

女性用の化粧室は
どこですか？ → **Where's the ladies' room?**

> ❖「男性用の化粧室はどこですか？」は、**Where's the men's room?**

レストランでの「会話」を楽しむフレーズです。

どこに座ろうか？ → **Where shall we sit?**

何にする？ → **What will you have?**

> ❖ **What would you like?** も同じ意味です。

おいしそう！ → **It looks good!**

それ、
食べたかったのよ。 → **That just hit the spot.**

とてもおいしいね。 → **It's so delicious.**

> ⁜ **This is so good.** も同様の意味です。**so** を省いた **It's good.** は、単に「おいしい」くらいのニュアンス。**It was good.** は食べた後の「おいしかった」。

毎日でも
食べられるよ。 → **I could eat it every day.**

そろそろ
出ようか? → **Shall we go now?**

小学英語で、レストランの「支払い」をすませてみましょう。

お勘定します。 → **Check, please.**

> ⁜ **Could I have the check?**（お勘定をお願いします）というと、やや丁寧なニュアンス。

ここで払っても
いいですか? → **Can I pay here?**

お勘定は、こちらで
できますか? → **Could I pay here?**

ぼくが払うよ。   → **Give me the bill.**

割り勘に
しましょう。   → **Let's go fifty-fifty.**

領収証を
いただけますか。   → **May I have a receipt, please?**

また来ます。   → **I come back again.**

> ✤ **I'll be back.**（また来ます）でもOK。

小学英語で「道を聞く」フレーズです。

ここはどこですか?   → **Where am I ?**

道に迷って
しまいました。   → **I've lost my way.**

私、迷った
みたいです。   → **I seem to be lost.**

どっちへ行ったら いいんでしょう?	**Which way should I go?**
この通りですか?	**On this street?**
距離にして どれくらいですか?	**How far is it?**
時間はどれくらい かかりますか?	**How long does it take?**
歩いて 行けますか?	**Can I walk there?**
歩くには 遠すぎますか?	**Is it too far to walk?**
ここから 遠いですか?	**Far from here?**

❖ **Near here?** と聞くと、「ここから近いですか?」。

助かりました。	**Thank you for your help.**

「道順」は、小学英語で十分説明できます。

右に曲がって。 → **Make a right.**

すぐそこの角を
曲がった → **It's just around the
ところです。 corner.**

2ブロック先です。 → **It's two blocks down.**

右にあります。 → **It's on the right.**

左手に見えます。 → **You'll find it on your
left.**

あそこです。 → **It's right over there.**

> ✣ **The station is over there.** というと、「駅はあそこです
> よ」。

すぐそこですよ。 → **It's very near here.**

歩いた方が
早いですよ。 → **It's faster to walk.**

❖ **It's just a few minutes' walk.** というと、「ほんの数分
歩くだけですよ」。

歩くと遠いですよ。 → **It's a long walk.**

よろしければ、
この地図を
さしあげます。 → **Take this map, if you like.**

❖ **if you like** は、命令形を和らげる定番フレーズで、日本の
大人語の「よろしければ」に相当します。

「道案内」も小学英語でOKです。

どちらへ? → **Where to?**

どちらへ
行きたいですか? → **Where do you want to go?**

どちらへ行きたい
のですか? → **Where would you like to go?**

車で
来たのですか？ → **Did you come by car?**

❖ **Did you walk here?** は、「ここまで歩いてきたのですか？」という意味。

（道を）
案内しましょう。 → **I'll show you the way.**

そこまで、
案内しますね。 → **I'll show you to the place.**

ついて来て
ください。 → **Just follow me.**

着きましたよ。 → **Here we are.**

乗せていって
あげましょう。 → **I'll give you a ride.**

誰かに
聞いてみるね。 → **Let me ask someone.**

タクシーを
呼びましょうか？ → **Should I call a taxi for you?**

「ホテルに泊まる」ときも、
小学英語で困ることはありません！

もうチェックイン
できますか？
→ **Can I check in now?**

少し早く着いて
しまいました。
→ **Sorry, I'm early.**

最初に、部屋を
見せてもらって
いいですか？
→ **Could I see the room first?**

カバンは自分で
運べます。
→ **I can carry the bags myself.**

どうぞ。
→ **Here you go.**

❖ポーターらにチップを渡すときの決まり文句で、実質的に
「これ、チップです」という意味です。

チェックアウトを
お願いします。
→ **I'd like to check out, please.**

これは何の
料金ですか？ → **What is this charge for?**

エレベーターで
行きましょう。 → **Let's take the elevator.**

❖「エスカレーターで行きましょう」は、**Let's take the escalator.**

上のボタン押して。 → **Push the up button.**

❖「下のボタン押して」は、**Push the down button.**

ホテルの人が使う基本フレーズです。

楽しい滞在を。 → **Enjoy your stay.**

バッグをお預かり
しましょうか？ → **May I take your bags?**

こちらは
お部屋の鍵です。 → **Here's your room key.**

すぐに伺います。 → **I'll come right away.**

おまかせください。 → **We'll take care of you.**

「タクシー・電車」も、小学英語で十分乗りこなせます。

タクシーはどこで
拾えますか? → **Where can I get a taxi?**

○○まで
行ってください。 → **Please take us to ○○.**

○○まで、
お願いします。 → **I need to get to ○○.**

✢ **I need to get to ○○.** は、「○○までお願いします」というタクシーで行き先を告げるときの定番フレーズ。

(地図、メモなどを
見せて)こちらまで → **To here, please.**
お願いします。

少し急いで いただけますか?	→	**Could you hurry, please?**
ここで結構です。	→	**Here's fine.**
ここで 降ろしてください。	→	**Let me off here, please.**
ここで降ります!	→	**We are getting off here!**
降り損ねてしまい ました。	→	**I missed my stop.**
おつりは結構です。	→	**Keep the change.**
タクシーを 呼びましょう。	→	**I'll call a taxi for you.**
15分で来ます。	→	**It comes in 15 minutes.**
切符の買い方を 教えてください。	→	**Please tell me how to buy tickets.**

この電車は 〇〇駅に 停まりますか？	→	**Does this train stop at 〇〇 Station?**
乗り換えは 必要ですか？	→	**Do I change trains?**
次の駅で 降りてください。	→	**Get off at the next station.**

「車の運転」をめぐる基本フレーズです。

スピードを落として。	→	**Slow down.**
止めて。	→	**Pull over.**
信号は赤よ。	→	**The light is red.**
青に変わったよ。	→	**It turned green.**

❖青信号は英語では **green** を使います。

ここは
一方通行だよ。 → **This is a one way street.**

(運転を)
交替しようか? → **Can I take over?**

✤ **Let's take turns.** というと、「交替で運転しよう」という
意味です。

満タンで。 → **Fill up the tank, please.**

着いたぞ! → **Here we are!**

(レンタカーの)
1日の料金は
いくらですか? → **How much for one day?**

**「空港」で使う言葉も、
小学英語で何とかなります。**

このゲートですか? → **Is this my gate?**

並んで座れますか? → **Can we sit together?**

159

ここには、何を書くのですか?	→	**What do I write here?**
出発は何時ですか?	→	**What time does it leave?**
見送りに来てくれてありがとう。	→	**Thanks for coming to see me off.**

✣ **see someone off** は、「人を見送る」という意味。

休暇で来ました。	→	**I'm here on vacation.**
タクシーを呼んでいただけますか?	→	**Could you call me (us) a taxi?**
両替は、どこでできますか?	→	**Where can I change money?**
円をドルにしてください。	→	**I'd like to change dollars for yen.**
そこは立入禁止ですよ。	→	**You can't go in there.**

旅客機内で使うフレーズも、小学英語でOK！

| あちらの席に移ってもいいですか？ | → | **May I move to that seat?** |

コーヒーをください。 → **Can I have coffee?**

緑茶はありますか？ → **Do you have green tea?**

チキンをお願いします。 → **Chicken, please.**

機内食は要りません。 → **No meal for me.**

飲み物は何がありますか？ → **What do you have for drinks?**

氷を入れてください。 → **Can I have some ice in it?**

（今は）結構です。 → **No, thank you.**

はい、
お願いします。 → **Yes, please.**

すみません、通って
よろしいですか? → **Sorry, could I get by?**

私の席に誰か
座っています。 → **Someone's in my seat.**

「トラブル」発生時には、
こんなフレーズが必要です。

お湯が出ません。 → **There's no hot water.**

ここに置いた
カバンが
ありません。 → **The bag I left here is gone.**

もう我慢できない
(トイレ)。 → **I can't hold it any more.**

どうしよう! → **What should I do?**

どうすればいいのか
わかりません。 → **I don't know what to do.**

小学英語で、「病状」を伝える言葉です。

痛いんです。 → **It hurts.**

鋭い痛みです。 → **It's a sharp pain.**

気分が悪いんです。 → **I feel sick.**

> ✛ **I'm not feeling well.**（気分がよくないんです）も同様の
> 意味。

気分悪いの? → **Do you feel sick?**

> ✛ **You don't look well.** は「気分が悪そうですね」。

疲れました。 → **I'm tired.**

元気が出ません。 → **I feel weak.**

> ✛「脱力感がある」というニュアンス。

風邪を
ひいています。 → **I have a cold.**

✢ I caught cold. や I've had a cold. は「風邪をひきまし
た」。I've had a bad cold. は「悪い風邪をひきましてね」。

汗びっしょりで
目が覚めました。 → **I woke up in a sweat.**

（病院で）
初診です。 → **This is my first time here.**

歯が痛みます。 → **I have a toothache.**

虫歯があります。 → **I have a bad tooth.**

（医師が）
診てみましょうね。 → **Let's take a look.**

こうすると
痛いですか? → **Does this hurt?**

どうぞお大事に。 → **Please take care.**

こう話しかけられたとき、それは「ナンパ」です！

1人？ → **Are you with anybody?**

楽しんでる？ → **Are you having a good time?**

ここに座っても いいかな？ → **(Do you)Mind if I sit here?**

> ✦ **Can I sit with you?** （隣に座ってもいいかな？） も同様 のニュアンスです。

前に会ったこと あったっけ？ → **Have we met before?**

> ✦ **Have we met somewhere?** は、「どこかで会ったこと なかったっけ？」。

1杯おごらせてよ。 → **Can I buy you a drink?**

> ✦ **Let me buy you a drink.** （1杯おごりますよ）も、同様 のニュアンスです。

外で話そうよ。 → Let's talk outside.

「デート」も、小学英語で十分に楽しめます。

楽しかったわ。 → I had a great time.

楽しめた? → Did you have a good time?

家まで送るよ。 → I'll take you home.

素敵な1日を
ありがとう。 → Thanks for a wonderful day.

今夜は
デートなんだ。 → I've got a date tonight.

彼にデートに
誘われたの。 → He asked me out.

つきあって
ください。 → Will you go out with me?

つきあっている人、
いるの? → **Are you seeing someone?**

「別れたい」気持ちも、小学英語で伝わります。

少し距離を
置きたいんだ。 → **I need some space.**

1人で
考えたいんだ。 → **I need some time alone.**

私たち、うまく
いってないよ。 → **We aren't working out.**

本当に好きなら、
私と別れて。 → **Let me go if you love me.**

終わりだ。 → **It's over.**

これで終わりなの? → **So, is this it?**

あっちへ行って。 → **Go away.**

✢ **Get lost.** も同様の意味です。

「写真を撮る」ときには、こんな小学英語で！

ここで写真を
撮っても
いいですか？ → **Is it OK to take pictures here?**

私たちの写真を
撮ってもらえま
せんか？ → **Could you take a picture of us?**

写真を撮ろうよ。 → **Let's take a picture.**

全員
おさまりますか？ → **Is everyone in?**

お写真をお撮り
しましょうか？ → **Can I take a picture for you?**

カメラに向かって
笑って！ → **Smile for the camera!**

168

なんて、
素敵な写真！　　→ **What a great picture!**

メール、スマホをめぐる基本フレーズです。

ライン（LINE）
やってます？　　→ **Are you on LINE?**

LINEで
話しましょう。　　→ **Let's talk on LINE.**

後で
メールしますよ。　　→ **I'll e-mail you later.**

メールしてね。　　→ **Please e-mail me.**

返信ありがとう
ございました。　　→ **Thank you for your reply.**

パソコンを
立ち上げて。　　→ **Start up the computer.**

アイコンを
クリックして。　　→ **Click on the icon.**

スマホで 決済できますか?	→	**Can I pay with my phone?**
あなたの書き込み を読みました。	→	**I read your post.**
ブログに 書き込みました。	→	**I made a post on my blog.**
今、チャット しています。	→	**I'm on a chat line now.**

テレビをめぐる基本の言葉です。

テレビをつけて。	→	**Turn on the TV.**
テレビを消して。	→	**Turn off the TV.**
テレビ消していい?	→	**Can I turn off the TV?**
つけておいて。	→	**Leave it on.**

テレビの音を
大きくして。 → **Turn up the TV.**

> ✢ **Turn it up.**（大きくして）も同様の意味。反対に、**Turn down the TV.** は、「テレビの音を小さくして」。

何チャンネル？ → **What channel?**

もう始まるよ。 → **It starts soon.**

小学英語で「映画・舞台」について 話してみましょう。

チケットはどこで
買えますか？ → **Where can I buy tickets?**

いい席が
取れたよ。 → **We've got great seats.**

誰が出ているの？ → **Who's in it?**

> ✢ **in it** は「出演している」という意味。

何時に
終わりますか？ → **What time will it end?**

‣ **What time will it be over?**（何時、終演ですか？）も同様に使えます。

いつ終わるの？ → **When does it end?**

観るべき
作品だよ。 → **You must see it.**

どうでした？ → **How was it?**

今、誰が
人気なの？ → **Who's hot now?**

‣ 日本の俗語でいう「今、誰がアツいの？」と同様のニュアンスです。

8章 小学英語で、明るく「暮らす」!

起きる、食べる、寝る
家庭生活を明るくするフレーズ

「朝」は、こんなフレーズをよく使います。

起きて！　　　　　→ Wake up!

起きる時間よ。　　→ Time to get up.

もう8時よ。　　　→ It's already 8 o'clock.

まだ6時だよ。　　→ It's only 6 o'clock.

起きてる?　　　　→ Are you awake?

もう起きたよ。　　→ I'm up now.

起きなくては。　　→ I have to get up.

よく眠れた?　　　→ Did you sleep well?

眠いよ。　　　　　→ I'm so sleepy.

小学英語で「朝の支度」について
話してみましょう。

何を着て
いこうかな？　→ **What should I wear?**

着替えなくては。　→ **I have to get dressed.**

メイクするわね。　→ **I'll put on my makeup.**

髪の毛を
セットしなくちゃ。　→ **I have to do my hair.**

私、どこか
変じゃない？　→ **Do I look OK?**

用意できた？　→ **Are you ready?**

「朝の会話」は、ほぼ小学英語でOKです。

朝食の支度を
するわね。　→ **I'll fix breakfast.**

コーヒーが できてるはずよ。	**Coffee should be ready.**
新聞を取ってきて くれない?	**Can you go and get the newspaper?**
学校へ行く 用意をしなさい。	**Get ready for school.**
時間よ。	**Time is up.**

✤ **It's time to go.** というと「出かける時間よ」。

忘れ物ない?	**Do you have everything?**

✤ **Got everything.** と縮めても、同様の意味で使えます。

急がなくては。	**Got to hurry.**
時間かかる?	**Do you take long?**
犬に餌をやった?	**Did you feed the dog?**

電気
つけっぱなしだよ。 → **You left the light on.**

ぼく宛の郵便物、
来てない? → **Did I get any mail?**

申し訳ないの
ですが、少し → **Sorry, but I'm going
遅れそうです。 to be a little late.**

また遅刻よ。 → **You're late again.**

9時のお客様が → **Your 9 o'clock is
いらしていますよ。 already here.**

「出かける」とき、「見送る」ときの基本フレーズです。

行ってきます! → **See you later!**

もう行くよ! → **I'm off now!**

いってらっしゃい！ → **Have a great day!**

帰りは遅く
ならないようにね。 → **Don't be home late.**

今晩は遅くなるよ。 → **I'm going to be late tonight.**

もうこんな時間！ → **Look at the time!**

走れば
間に合うかも。 → **Maybe I can make it, if I run.**

今日も1日、
がんばりましょう。 → **Let's give it our best today.**

「家事」に関しては、こんなフレーズをよく使います。

それ片づけて。 → **Pick it up.**

テーブルの上を
片づけてね。 → **Clear the table.**

これ、どこに置けば
いいですか？ → **Where should I put this?**

運ぶの手伝って。 → **Help me take them.**

今から洗濯するね。 → **I'll do the wash now.**

手伝ってくれる？ → **Will you help me?**

自分でやって。 → **Do it yourself.**

犬を散歩に
つれてって
ちょうだい。 → **Take the dog out for a walk.**

「学校」で使う基本フレーズは、もちろん小学英語で十分です！

宿題やってきた？ → **Have you done the homework?**

先生が来るよ。 → **The teacher is coming.**

皆さん、おはよう
ございます。　➔ **Good morning, class.**

静かに！　➔ **Come to order!**

今日の授業は
これで終わりです。　➔ **That's all for today.**

いい点を
取りたいな。　➔ **I want to get a good
mark.**

よくできたと思う。　➔ **I think I did well.**

「夕方」は、こんなフレーズをよく使います。

ただいま。　➔ **I'm back.**

> ※ **I'm home!** も同様に使えます。

おかえりなさい。　➔ **Welcome back.**

> ✢ **Welcome home.** でもOK。**Welcome home, sweetie!**
> というと、「あなた、お帰りなさい！」。

早かったのね。　➡ **You're home early.**

まっすぐ家に
帰ってきたよ。　➡ **I came straight home.**

今日はどうだった?　➡ **How was your day?**

お仕事どうでした?　➡ **How was work?**

1日中
忙しかったよ。　➡ **I've been busy all day.**

宿題は出たの?　➡ **Do you have any homework?**

おやつ食べて
いい?　➡ **Can I have a snack?**

今、何時だか
わかってる?　➡ **Do you know what time it is now?**

❖相手の帰りが遅かったときに使います。

今日（の仕事）は
これまでに
しましょう。　→ **Let's call it a day.**

✢ **call it a day** は、「その日の仕事を切り上げる」「終わりに
　する」という意味。

小学英語で「食事」を楽しみましょう。

昼ご飯よ。　→ **Lunch is ready.**

もうすぐ
ランチタイムよ。　→ **It's almost lunch time.**

お昼は何にする?　→ **What do you want for lunch?**

晩ご飯は何?　→ **What's for dinner?**

晩ご飯は何時?　→ **What time is dinner?**

晩ご飯、できたよ!　→ **Dinner is ready!**

✢ **Supper is ready.** でもOK。

味見していい? → **Can I taste it?**

テーブルについて。 → **Sit at the table.**

ぼくが
ご飯をよそうよ。 → **I'll serve the rice.**

熱いうちに
食べてね。 → **Please eat while it's hot.**

冷めてしまうよ。 → **It might get cold.**

いただきます。 → **Let's eat.**

すごくおいしそう。 → **It looks really good.**

❖ **Looks good.**（おいしそうね）と縮めても、同様の意味に使えます。

いいにおい。 → **Smell good.**

おいしい? → **Good?**

すごくおいしい。 → **This is so good.**

お料理
すごく上手ね。 → **You're a great cook.**

体にいいのよ。 → **It's good for you.**

何を食べようかな? → **What should I eat?**

ゆっくり
食べなさい。 → **Take your time eating.**

自分の席に
戻りなさい。 → **Go back to your seat.**

何か飲もうよ。 → **Let's drink something.**

ビール
切らしてるの。 → **We're out of beer.**

おかわりは? → **Would you like seconds?**

❖この **seconds** は、「食事のおかわり」という意味。

おかわり！　　　　➡ **Can I have more?**

もっと欲しい？　　➡ **Do you want more?**

これでいい？　　　➡ **Is that enough?**

それで十分。　　　➡ **That's enough.**

お腹いっぱい？　　➡ **Are you full?**

お腹いっぱいだよ。➡ **I'm full.**

食べすぎちゃった。➡ **I ate too much.**

終わったの？　　　➡ **Are you done?**

終わりだよ。　　　➡ **I'm done.**

「お風呂」をめぐるフレーズも、小学英語で十分です。

お風呂に
お湯を張ろう。 → **I'll run a bath.**

❖ **run a bath** は、「浴槽に水を張る」という意味。

お風呂に
入ってくるね。 → **I'll take a bath.**

シャワーを
浴びてくるね。 → **I'll take a shower.**

最初に
入ってもいい? → **Can I go in first?**

寝るとき、寝る前に、よく使うフレーズです。

寝る時間よ。 → **Time for bed.**

もう寝るよ。 → **I'm going to bed.**

明日の準備は
すんだの?　→ **Are you ready for tomorrow?**

ぐっすり
おやすみなさい。　→ **Have a good sleep.**

明日にしたら?　→ **How about tomorrow?**

眠れないんだ。　→ **I can't get to sleep.**

電気・ガス・水道をめぐる カンタンな言葉です。

電気をつけて。　→ **Turn on the light.**

電気を消して。　→ **Turn off the light.**

電気、
つけておいて。　→ **Leave it on.**

電気、
消しておいて。　→ **Leave it off.**

ついた?　　　　　→ Is it on?

つかないよ。　　　→ It isn't on.

ガスをつけて。　　→ Turn on the gas.

ガスを消して。　　→ Turn off the gas.

水を出して。　　　→ Turn on the water.

水を止めて。　　　→ Turn off the water.

9章 小学英語で、

てきぱき「仕事」をする！

訪問、来客応対、電話
ビジネスをスムーズに進めるフレーズ

ビジネス英語も、かなりのところまで 小学英語でOK。まずはオフィス訪問編です。

○○さんに お会いできますか? ➡ **Could I meet Mr.(Ms.) ○○?**

私の名刺です。 ➡ **Here's my business card.**

待っていても よろしいですか? ➡ **Can I wait?**

何時に 戻られますか? ➡ **When is he coming back?**

✢ **When will he be back?** といっても○Kです。

また、後ほど 出直します。 ➡ **I can come back later.**

次は、「来客応対」の決まり文句です。

ようこそ、
いらっしゃいました。 ➡ **You've very welcome.**

こちらへどうぞ。 ➡ **This way, please.**

> ✛ **Come this way, please.**（こちらでございます）というと、
> より丁寧に聞こえます。

部屋まで
ご案内いたします。 ➡ **I'll show you to his office.**

どうぞ、こちらへ
お座りください。 ➡ **Please sit down here.**

> ✛ **Have a seat, please.** というと、「どうぞ、こちらのお席
> へ」というニュアンス。

こちらで少々
お待ちいただけ
ますか? ➡ **Could you wait here for a few minutes?**

どうぞ、
おくつろぎ
ください。 ➡ **Please make yourself at home.**

コートをお預かり
しましょうか？ → **May I take your coat?**

何か飲み物でも
どうですか？ → **Can I get you
something to drink?**

❖ **Would you like something to drink?**（何かお飲みにな
りますか？）というと、より丁寧に聞こえます。

誰を
呼びましょうか？ → **Who are you calling?**

お呼びいたし
ますので。 → **I'll call him.**

彼女を呼んで
まいります。 → **I'll get her.**

ファーストネームは
おわかりですか？ → **His first name,
please?**

❖ 英語圏は姓の数が少ないため、同姓の人が多く、ファース
トネームを問われることがあります。

ご用件を承ります。 → **What can I do for
you?**

名刺を
いただけますか？ → **Could I have your business card?**

すぐに戻ります。 → **I'll be right back.**

❖ **I'll be back soon.** といってもOK。

すぐ戻って
まいりますので。 → **He'll be back soon.**

お待たせ
いたしました。 → **Thank you for waiting.**

すぐに
参りますので。 → **He'll be coming soon.**

「留守」といいたいときには、こんなフレーズで。

まだ出社して
おりません。 → **He isn't here yet.**

❖ **He hasn't come in yet.** という言い方もあります。

今、席をはずして
おります。　　　　→ **He is out right now.**

まだ戻って
おりません。　　　→ **He's not back yet.**

昼食に
出ておりまして。　→ **He's out for lunch.**

彼は今日、
お休みです。　　　→ **He's off today.**

✛ **Sorry, he is off today.**（あいにく、今日は休んでおります）
というように、**Sorry** をつけると、日本の大人語の「あい
にく〜」といういい方に近づきます。

出張中でして。　　→ **He is on a business trip.**

会議中です。　　　→ **He is in a meeting now.**

✛ **He is in conference.** ということもできます。

本日はもう退社させていただきました。	→	**He's gone home for the day.**
ご伝言はございますか?	→	**May I take a message?**

小学英語でも、「仕事」をうまく頼むことができます。

今忙しい?	→	**Are you busy right now?**
ちょっとよろしいですか?	→	**Could you give me a few minutes?**

> ❖英語も日本語と同じように、おおむね「単語の数」を増やすと、丁寧な表現になります。

誰か手伝ってくれない?	→	**Can anybody help me?**
手伝ってもらえる?	→	**Can you give me a hand?**

| 手伝っていただけませんか？ | → | **Could you help me?** |

> ∵ **Could** を使うと、やや丁寧なニュアンスになります。

| これ、お願いできますか？ | → | **Do you think you could do this?** |

| これに目を通しておいて。 | → | **Look this over.** |

| どうしましょう？ | → | **What are we going to do?** |

「会議」も、小学英語で乗り切りましょう。

| 私が会議の司会を務めます。 | → | **I'll chair the meeting.** |

| はじめてもよろしいですか？ | → | **Shall we start?** |

どう思いますか? → **What do you think about it?**

❖ **What do you make of it?** ということもできます。

質問はありますか? → **Any questions?**

質問があります。 → **I have a question.**

理由をいいます。 → **Let me tell you why.**

おっしゃることは、よくわかりました。 → **You've made your point.**

それでいいと思います。 → **It may be all right.**

いいアイデアだと思います。 → **That's a good idea.**

その点についてはいかがですか? → **How about that part?**

少し考えさせて
ください。 → **Let us think it over.**

それには賛成
できませんね。 → **I can't agree to it.**

10分間、
休憩しましょう。 → **Let's take a
10-minute break.**

お時間をいただき、
ありがとう
ございました。 → **Thank you for your
time.**

**頭に入れておきたい、
ビジネスシーンで頻出のフレーズです。**

例の案件、
わが社に
決まりました。 → **We got the job.**

❖ **get a job** は、「仕事を取る」「仕事を受注する」という意味。

では、
こうしましょう。 → **Tell you what.**

こうしてみたら? → **Why don't you do it this way?**

> ✦ **Why don't you ～ ?** は、「～したらどう？」とやわらか
> く提案するときの定型。

いわれた通りに
してください。 → **Do as you're told.**

さほど時間は
かかりませんよ。 → **It won't take long.**

そろそろ
切り上げましょう。 → **Let's call it a day.**

万事うまく
いっています。 → **I'm doing all right.**

試しに
やってみます。 → **I'll have a go at it.**

予定は
決まりましたか? → **Got any plans?**

私にやらせて
ください。　　→ **Let me try it for you.**

❖ 「やってあげますよ」というニュアンスに聞こえることも
　あります。

やり方を
見せますね。　→ **Let me show you how.**

書きますね。　→ **Let me write it down for you.**

君にすべて
まかせるよ。　→ **I'll leave it up to you.**

とりあえず、
やってみたら。　→ **Just give it a try.**

休みなさい。　→ **Take a break.**

お休みになっては、
いかがですか?　→ **Why don't you take a rest?**

ゆっくりやって
ください。 ➡ **Take your time.**

> ❖「(急ぎではないので) 時間をかけてやってください」とい
> うニュアンス。

あなた次第よ。 ➡ **It's up to you.**

そんなことしなくて
いいですよ。 ➡ **You don't have to do that.**

> ❖ **have to** は、「〜する必要がある」という意味。

きっと気に入ると
思いますよ。 ➡ **I'm sure you'll like it.**

私は、そう
確信しています。 ➡ **I'm sure of it.**

仕事をして
ください。 ➡ **Get to work.**

今夜は仕事
なんです。 ➡ **I'm working tonight.**

仕事は
気に入っています。　→ I like what I do.

この仕事には
慣れています。　→ I'm used to this job.

✢ be used to は、「〜に慣れている」という意味。

彼女は
新入社員です。　→ She's new here.

テレワーク
しているの?　→ Do you work from home?

✢直訳すると、「在宅勤務をしているの?」。

「電話をかける」ときの決まり文句です。

○○さんと
お話しできますか?　→ May I speak to Mr.(Ms.) ○○?

○○さんを
お願いします。　→ Can I speak to Mr.(Ms.) ○○?

| ○○さんとお話し したいのですが。 | → | **I'm calling for Mr.(Ms.) ○○.** |

| また電話します。 | → | **I'll call again.** |

> ✛ **I'll call 〜** は電話をかけるときの定型フレーズで、**I'll call back later.**（後でかけ直します）、**I'll call back tonight.**（今晩かけ直します）、**I'll call you tomorrow.**（明日電話します）というように使います。

| 今、話せる? | → | **Can you talk now?** |

| 今、お話ししても よろしいですか? | → | **Do you have a minute to talk now?** |

| 伝言をお願い できますか? | → | **Could I leave a message?** |

| 電話があったことを 伝えてくれますか? | → | **Could you tell him I called?** |

| お忙しいところ すみません。 | → | **I'm sorry to take up your time.** |

お忙しいところ
ありがとう
ございました。 → **Thank you. I know you're busy.**

では、また。 → **Talk to you again soon.**

もう切らなきゃ。 → **I have to say goodbye now.**

話し中です。 → **The line is busy.**

誰も出ませんね。 → **There's no answer.**

電話、切れて
しまいました。 → **The line was cut off.**

「ビジネス電話」も、
小学英語で乗り切りましょう。

どちら様
でしょうか？
→ **Who is speaking, please?**

✣ **May I ask who's calling?** というと、さらに丁寧に聞こえます。

誰におかけ
でしょうか？
→ **Who are you calling?**

どのような
ご用件でしょうか？
→ **How can I help you?**

御社名もお教え
いただけますか？
→ **And the company name?**

切らずに
お待ちください。
→ **Please hold.**

少々お待ち
ください。
→ **Hold on, please.**

✣ **Just a moment, please.** や **Hold on a minute.** も、同様の意味に使えます。

また、おかけ直し いただけますか?	→	**Could you call back later?**
お電話があったこと をお伝えします。	→	**I'll tell him(her) you called.**
内線5番に 電話です。	→	**Line 5 is for you.**

「電話に出る・電話を取る」ときの
決まり文句です。

電話が 鳴ってるわよ。	→	**The phone is ringing.**
電話だよ。	→	**There's a call.**
私が出るわ。	→	**I'll get it.**
出てくれる?	→	**Can you get it?**

❖ **Someone get it.**（誰か出て）という言い方もあります。

今、手が
離せないの。　　→ **I'm busy now.**

あなたに電話よ。　→ **You have a call.**

> ❖ **It's for you.**（あなたによ）でもOKです。

ジョンから電話だ！→ **John's calling!**

誰から?　　　　　→ **Who is it?**

はい（こちら）、
トムです。　　　　→ **This is Tom.**

私です。　　　　　→ **This is she.**

> ❖男性なら **This is he.**（ぼくです）。**This is me.**（はい、私
> です）という言い方もあります。

私です。
（話しています）　→ **Speaking.**

代わって。　　　　→ **Give it to me.**

〈著者プロフィール〉
構 俊一（かまえ・しゅんいち）
1956年、神戸市生まれ。
東京大学卒業。全国紙記者、出版社勤務を経て独立。
長年、出版プロダクションを率い、〝英語本〟〝日本語本〟など、約1000冊の書籍を編集・執筆し、多数のベストセラーを生み出す。近著に『小学1・2年生で習うのに大人も読めない漢字』（幻冬舎）など。
趣味は、落語、阪神タイガースに、散歩。

小学校必修600英単語だけで
大人も使える英会話

2020年9月10日　第1刷発行

著　者　構　俊一
発行人　見城　徹
編集人　福島広司
編集者　鈴木恵美

GENTOSHA

発行所　株式会社 幻冬舎
　　　　〒151-0051　東京都渋谷区千駄ヶ谷4-9-7
電話　03(5411)6211(編集)
　　　03(5411)6222(営業)
振替　00120-8-767643
印刷・製本所　株式会社 光邦

検印廃止

この本に関するご意見・ご感想をメールでお寄せいただく場合は、
comment@gentosha.co.jpまで。